Temas polêmicos de
IMPROBIDADE ADMINISTRATIVA

Temas polêmicos de
IMPROBIDADE ADMINISTRATIVA

Rodrigo Santesso Kido
Marcos Augusto Carboni
Cristian David Gonçalves
Gina Copola
Ivo Tomita

Copyright © 2019 by Editora Letramento

Diretor Editorial | **Gustavo Abreu**
Diretor Administrativo | **Júnior Gaudereto**
Diretor Financeiro | **Cláudio Macedo**
Logística | **Vinícius Santiago**
Designer Editorial | **Luís Otávio Ferreira**
Assistente Editorial | **Giulia Staar e Laura Brand**
Capa | **Wellinton Lenzi**
Projeto Gráfico e Diagramação | **Janaína Oliveira**

Conselho Editorial | **Alessandra Mara de Freitas Silva; Alexandre Morais da Rosa; Bruno Miragem; Carlos María Cárcova; Cássio Augusto de Barros Brant; Cristian Kiefer da Silva; Cristiane Dupret; Edson Nakata Jr; Georges Abboud; Henderson Fürst; Henrique Garbellini Carnio; Henrique Júdice Magalhães; Leonardo Isaac Yarochewsky; Lucas Moraes Martins; Luiz Fernando do Vale de Almeida Guilherme; Nuno Miguel Branco de Sá Viana Rebelo; Renata de Lima Rodrigues; Rubens Casara; Salah H. Khaled Jr; Willis Santiago Guerra Filho.**

Todos os direitos reservados.
Não é permitida a reprodução desta obra sem aprovação do Grupo Editorial Letramento.

Dados Internacionais de Catalogação na Publicação (CIP) de acordo com ISBD

T278	Temas polêmicos de improbidade administrativa / Rodrigo Santesso Kido ... [et al.]. - Belo Horizonte : Letramento ; Casa do Direito, 2019. 148 p. ; 15,5cm x 22,5m.
	Inclui bibliografia. ISBN: 978-85-9530-183-2
	1. Improbidade administrativa. I. Kido, Rodrigo Santesso. II. Carboni, Marcos Augusto. III. Copola, Gina. IV. Tomita, Ivo. V. Título.
2019-32	CDD 341.337 CDU 351.9

Elaborado por Vagner Rodolfo da Silva - CRB-8/9410

Índice para catálogo sistemático:
1. Improbidade administrativa 341.337
2. Improbidade administrativa 351.9

Belo Horizonte - MG
Rua Magnólia, 1086
Bairro Caiçara
CEP 30770-020
Fone 31 3327-5771
contato@editoraletramento.com.br
editoraletramento.com.br
casadodireito.com

Casa do Direito é o selo jurídico do Grupo Editorial Letramento

sobre os autores

RODRIGO SANTESSO KIDO

Exerce, atualmente, o cargo de Procurador Geral do Município de Guarulhos. Tem grande experiência em casos de Direito Público, com ampla atuação na área da Improbidade Administrativa. Graduado e Pós-graduado na Faculdade de Direito da Universidade de São Paulo – USP.

MARCOS AUGUSTO CARBONI

Procurador do Município de São Paulo. Ex-Advogado Geral da União. Ex-Procurador do Município de Guarulhos. Graduado na Faculdade de Direito de Franca. Pós-graduado em Direito e Processo do Trabalho pela Universidade de Ribeirão Preto. Professor do Curso Dogma.

CRISTIAN DAVID GONÇALVES

Procurador do Município de Guarulhos/SP, ocupando, atualmente, o cargo de Procurador Geral do Município. Mestrando em Direito pela Universidade Nove de Julho. Tem grande experiência em Direito Público, com foco em Direito Administrativo.

GINA COPOLA

Advogada militante em Direito Administrativo. Pós-graduada em Direito Administrativo pela FMU. Ex-professora de Direito Administrativo na FMU. Autora dos livros *Elementos de Direito Ambiental*, Rio de Janeiro: Temas e Ideias, 2003; *Desestatização e terceirização*, São Paulo: NDJ –Nova Dimensão Jurídica, 2006; *A lei dos crimes ambientais comentada artigo* por artigo, Minas Gerais: Editora Fórum, 2008, com 2ª edição em 2012, e *A improbidade administrativa no Direito Brasileiro*, Minas Gerais: Editora Fórum, 2011, e, ainda, autora de diversos artigos sobre temas de direito administrativo e ambiental, todos publicados em periódicos especializados.

IVO SHIGUERU TOMITA

Advogado especialista em Direito Tributário pela Pontifícia Universidade Católica de São Paulo – PUC/SP-COGEAE. Autor de diversas obras.

sumário

APRESENTAÇÃO 9

INTRODUÇÃO 13

1. IMPROBIDADE ADMINISTRATIVA DE PREFEITOS E APROVAÇÃO OU REJEIÇÃO PELO TRIBUNAL DE CONTAS OU CÂMARA DOS VEREADORES **17**

2. AS CONDUTAS DA LEI DE IMPROBIDADE ADMINISTRATIVA SÃO TAXATIVAS? **25**

3. LEI DE IMPROBIDADE ADMINISTRATIVA E LEI COMPLEMENTAR 135/2010 **33**

4. IMPROBIDADE ADMINISTRATIVA E ELEMENTO SUBJETIVO **43**

5. CUMULATIVIDADE DAS PENAS NA LEI DE IMPROBIDADE E DOSIMETRIA DAS SANÇÕES **55**

6. A IMPRESCRITIBILIDADE DA AÇÃO DE RESSARCIMENTO AO ERÁRIO POR IMPROBIDADE ADMINISTRATIVA E O (QUASE) PARADIGMA DO RECURSO EXTRAORDINÁRIO 852.475 **65**

7. DANO PRESUMIDO – IMPOSSIBILIDADE DE PUNIÇÃO NOS CASOS DO ART. 10 DA LEI DE IMPROBIDADE **75**

8. LEI DE IMPROBIDADE ADMINISTRATIVA EM FACE DE AGENTES POLÍTICOS ENGLOBADAS PELA LEI DECRETO-LEI 1070/50 E DECRETO-LEI 201/67 **85**

9. LEGITIMIDADE DO MINISTÉRIO PÚBLICO NA AÇÃO CIVIL PÚBLICA DE IMPROBIDADE ADMINISTRATIVA **101**

10. AÇÃO CIVIL PÚBLICA COMO INSTRUMENTO PROCESSUAL DE APLICAÇÃO DA LEI DE IMPROBIDADE ADMINISTRATIVA **111**

11. A INDISPONIBILIDADE DE BENS NA LEI DE IMPROBIDADE ADMINISTRATIVA **121**

12. A NATUREZA JURÍDICA DOS ATOS DE IMPROBIDADE ADMINISTRATIVA **127**

13. O NEPOTISMO CRUZADO E A SÚMULA VINCULANTE Nº 13, DO EGRÉGIO SUPREMO TRIBUNAL FEDERAL. A IMPROBIDADE ADMINISTRATIVA. OS SECRETÁRIOS MUNICIPAIS E O NEPOTISMO. **139**

apresentação

Caro leitor, o estudo da *Improbidade Administrativa* gera inúmeros temas que enriquecem o debate sobre os atos que ensejam o enriquecimento ilícito, atos lesivos ao erário e os atos de improbidade *stricto sensu*, previstos na Lei 8.429/1992.

Discorreremos a *Improbidade Administrativa* sob o viés de seus temas mais polêmicos, com diversos julgados e farta jurisprudência.

Será possível verificar nosso embasamento, principalmente, em estudos e interpretações de diversos doutrinadores, dentre os quais destacamos uma visão multidisciplinar e de diversos enfoques por seus escritores.

Indicamos esta obra a todos os operadores do direito e gestores da Administração Pública.

Bons estudos!

"Teu dever é lutar pelo direito, mas no dia em que encontrares o direito em conflito com a justiça, luta pela justiça"

(*Eduardo Couture*)

introdução

A presente obra tem por escopo abordar os principais temas polêmicos acerca da Lei de Improbidade Administrativa, regulada pela Lei 8.429/1992. Trata-se de uma coletânea sucinta e prática acerca de temáticas pontuais e controversas.

A Lei da Improbidade Administrativa sempre ensejou acirradas discussões em diversos pontos, temas que mesmo atualmente ainda não gozam de uma uniformidade de tratamento pela doutrina e jurisprudência.

Some-se à tal fato a recente "Lei da Ficha Limpa", que também enseja acalorados debates por parte dos aplicadores do Direito.

Para tanto, com a finalidade da democratização da discussão de tais temas, houvera a com a participação especial e plúrima de convidados especiais representando a Magistratura Paulista, o Ministério Público e mesmo a advocacia privada, com a finalidade de se obter diversos pontos de vista e diversificar o debate das temáticas acerca da Lei de Improbidade.

Posta tais considerações, inicialmente, vale destacar que o termo improbidade advém do latim, em sua expressão *"improbitas"* e pode adquirir diversos significados na condução da *res publica*, como má qualidade, mau proceder, má conduta, má fé...

À luz de abalizada doutrina, a improbidade pode ser definida como:

> A probidade administrativa é uma forma de moralidade administrativa que mereceu consideração especial da Constituição, que pune o ímprobo com a suspensão de direitos políticos (art. 37, §4º). A probidade administrativa consiste no dever de o 'funcionário servir a Administração com honestidade, procedendo no exercício das suas funções, sem aproveitar os poderes ou facilidades delas decorrentes em proveito pessoal ou de outrem a quem queira favorecer'. O desrespeito a esse dever é que caracteriza a improbidade administrativa. Cuida-se de uma imoralidade administrativa qualificada. A improbidade administrativa é uma imoralidade qualificada pelo dano ao erário e correspondente vantagem ao ímprobo ou a outrem.[1]

---

1 José Afonso da Silva, *Curso de Direito Constitucional Positivo*, 24ª ed., São Paulo, Malheiros Editores, 2005, p. 669.

Ademais, faz-se necessária a conceituação do ato de improbidade, que segundo os ensinamentos de Alexandre de Moraes:

> O ato de improbidade administrativa exige para sua consumação um desvio de conduta do agente público, que no exercício indevido de suas funções, afaste-se dos padrões éticos e morais da Sociedade, pretendendo obter vantagens materiais indevidas ou gerar prejuízos ao patrimônio público, mesmo que não obtenha sucesso em suas intenções, como ocorre nas condutas tipificadas no art. 11 da presente lei.[2]

Por sua vez, também se faz necessário a definição de moralidade administrativa, de modo que salutares são os ensinamentos de Maria Silvia Zanella Di Pietro:

> Não é preciso penetrar na intenção do agente, porque do próprio objeto resulta a imoralidade. Isso ocorre quando o conteúdo de determinado ato contraria o senso comum de honestidade, retidão equilíbrio, justiça, respeito à dignidade do ser humano, à boa-fé, ao trabalho, à ética das instituições. A moralidade exige proporcionalidade entre os meios e os fins a atingir; entre os sacrifícios impostos à coletividade e os benefícios por ela auferidos; entre as vantagens usufruídas pelas autoridades públicas e os encargos impostos à maioria dos cidadãos.[3]

Postas tais considerações iniciais, há abordagem constitucional ao regramento da matéria no momento em que os atos de improbidade administrativa importarão a suspensão dos direitos políticos, a perda da função pública, a indisponibilidade dos bens e o ressarcimento ao erário, na forma e gradação previstas em lei, sem prejuízo da ação penal cabível. (art. 37, § 4º)

Adiante, quando dispõe acerca dos direitos políticos, novamente estatui que é vedada a cassação de direitos políticos, cuja perda ou suspensão só se dará nos casos de improbidade administrativa, nos termos do art. 37, § 4º. (art. 15, V)

Trata-se, portanto, de uma IMORALIDADE QUALIFICADA daquele que detém função, cargo, mandato ou emprego público, ou mesmo quem lhe é equiparado pela lei, imbuído necessariamente do elemento subjetivo, que deve ser o DOLO.

---

2 . Alexandre de Moraes. *Direito Constitucional Administrativo*. São Paulo, Ed. Atlas. 2002, pg. 320.

3 Maria Sylvia Zanella Di Pietro. *Discricionariedade administrativa na Constituição de 1998*. São Paulo, Editora Atlas, 1991, p. 111.

Neste contexto fora criada a Lei de Improbidade Administrativa (Lei 8.429/92), que nos artigos 9º, 10 e 11 trazem extenso rol de atos tidos por ímprobos. O artigo 9º trata da improbidade administrativa que gera enriquecimento ilícito; o artigo 10 elenca a modalidade que causa danos ao erário, e o artigo 11 traz os atos que violam os princípios da administração pública.

Outrossim, é certo que os recentes escândalos e notícias envolvendo casos de improbidade e corrupção fomentam o desprestígio cada vez maior da Administração Pública como um todo, mazelas que precisam ser combatidas de forma incisiva e eficaz.

Contudo, tais instrumentos precisam ser usados com parcimônia, com respeito a direitos fundamentais, pois muitas vezes trazem como plano de fundo simplesmente uma disputa política, com um caráter nitidamente eleitoral para "manchar" a imagem de outrem, de sorte que o princípio basilar da INOCÊNCIA precisa ser respeitado.

Deveras, neste mesmo sentido "a aplicação da lei de improbidade exige bom-senso, pesquisa da intenção do agente, sob pena de sobrecarregar inutilmente o Judiciário com questões irrelevantes, que podem ser adequadamente resolvidas na própria esfera administrativa. A própria severidade das sanções previstas na Constituição está a demonstrar que o objetivo foi o de punir infrações que tenham o mínimo de gravidade, por apresentarem consequências danosas para o patrimônio público (em sentido amplo), ou propiciarem benefícios indevidos para o agente ou para terceiros. A aplicação das medidas previstas na lei exige observância do princípio da razoabilidade, sob o seu aspecto de proporcionalidade entre meios e fins".[4]

Logo, de suma importância a disposição constitucional no sentido de que "ninguém será considerado culpado até o trânsito em julgado de sentença penal condenatória". (art. 5º, LVII)

Ademais, como se verá adiante, a improbidade não significa mera ilegalidade, pois se perfaz necessário o requisito da MÁ-FÉ para sua configuração. Postas tais premissas, a título de exemplo, não será o caso de sua aplicabilidade quando existente mera inabilidade, má gestão, pois o elemento subjetivo (DOLO) é imprescindível para o caso.

A presente obra tem por objeto abordar diversos temas controversos e questões polêmicas, que suscitam acirrada divergência doutrinária e jurisprudencial, com a finalidade de elucidar as posições em cada caso específico.

---

4   Maria Sylvia Zanella Di Pietro. *Direito Administrativo*, 22ª ed., São Paulo: Atlas, pg. 821/823.

1

IMPROBIDADE ADMINISTRATIVA DE PREFEITOS E APROVAÇÃO OU REJEIÇÃO PELO TRIBUNAL DE CONTAS OU CÂMARA DOS VEREADORES

Antes de abordar o cerne da questão, faz-se necessário uma digressão acerca da natureza jurídica do Tribunal de Contas e da Câmara dos Vereadores. No que pertine a este último, sem maiores digressões, trata-se de órgão do Poder Legislativo. Todavia, a questão adquire maiores proporções acerca do Tribunal de Contas.

Neste aspecto, em que pese a divergência acerca do assunto, claras e elucidativas as ponderações de Alexandre de Moraes, no sentido de que:

> O Tribunal de Contas da União é órgão auxiliar e de orientação do Poder Legislativo, embora a ele não subordinado, praticando atos de natureza administrativa, concernentes, basicamente, à fiscalização.[5]

No mesmo sentido, Pedro Lenza pondera que:

> Malgrado tenha o art. 73 da CF falado em "jurisdição" do Tribunal de Contas, devemos alertar que esta denominação está totalmente equivocada. Isso porque o Tribunal de Contas é órgão técnico que emite pareceres, não exercendo jurisdição no sentido próprio da palavra, na medida em que inexiste a "definitividade jurisdicional". Os atos praticados são de natureza meramente administrativa, podendo ser acatados ou não pelo Legislativo. O Tribunal de Contas, então, decide administrativamente, não produzindo nenhum ato marcado pela definitividade, ou fixação do direito no caso concreto, no sentido de afastamento da pretensão resistida. O Tribunal de Contas, portanto, não integra o Poder Judiciário".[6]

---

5   Alexandre de Moraes. *Direito Constitucional*. 21ª edição, São Paulo, Editora Atlas, 2007, pg. 410.

6   Pedro Lenza. *Direito Constitucional Esquematizado*. 12ª edição, Editora Saraiva, 2008, pg. 394.

Em síntese, o Tribunal de Contas pode ser definido como um órgão auxiliar do Poder Legislativo, com as atribuições de controlar e fiscalizar a aplicação dos recursos públicos e os atos administrativos, nos moldes estabelecidos pela Constituição Federal.

Logo, o seu conceito alia-se à sistemática de "freios e contrapesos" (*checks and balances*), com a manutenção de um verdadeiro controle político. Com certeza, a análise pelo Tribunal de Contas conduz à ideia de harmonia e independência entre os poderes exposta no ideal acima.

John Locke fora o primeiro a delimitar o ideal acima, pois dividiu o poder em Legislativo, Executivo e Judiciário, e pode ser considerado o precursor de Montesquieu, que ganhou a notoriedade por abordar a temática de forma ampla. Deveras, a separação de poderes e o *Checks and Balances* aliam-se à ideia de Estado Democrático e auxilia na formação do denominado Estado de Direito, pois coíbe o denominado abuso governamental, porquanto todos têm de se submeter à regra do *rule of Law*.

Postas tais considerações iniciais, exsurge a indagação se a aprovação ou rejeição das contas por tais órgãos afeta o *decisum jurisdicional* acerca da existência de ato tido por improbo? A resposta será negativa.

Todavia, antes de mais nada, vale a ressalva de que a prestação de contas de governo pode ser definida como a obrigatoriedade que os chefes do Poder Executivo (Presidente da República, os Governadores de Estado e do Distrito Federal e os Prefeitos Municipais) possuem de comprovar, anualmente, resultados de sua atuação no correlato exercício financeiro, em atenção ao princípio da publicidade e da *res publica*.

Segundo o Superior Tribunal de Justiça:

> O conteúdo das contas globais prestadas pelo Chefe do Executivo é diverso do conteúdo das contas dos administradores e gestores de recurso público. As primeiras demonstram o retrato da situação das finanças da unidade federativa (União, Estados, DF e Municípios).
>
> Revelam o cumprir do orçamento, dos planos de governo, dos programas governamentais, demonstram os níveis de endividamento, o atender aos limites de gasto mínimo e máximo previstos no ordenamento para saúde, educação, gastos com pessoal. Consubstanciam-se, enfim, nos Balanços Gerais prescritos pela Lei 4.320/64. Por isso, é que se submetem ao parecer prévio do Tribunal de Contas e ao julgamento pelo Parlamento (art. 71, I c./c. 49, IX da CF/88).

As segundas – contas de administradores e gestores públicos – dizem respeito ao dever de prestar (contas) de todos aqueles que lidam com recursos públicos, captam receitas, ordenam despesas (art. 70, parágrafo único, da CF/88). Submetem-se a julgamento direto pelos Tribunais de Contas, podendo gerar imputação de débito e multa (art. 71, II e § 3º da CF/88).[7]

Tais contas, pela importância que detêm, segundo expressa disposição na Constituição Federal, submetem-se ao duplo crivo de apreciação, qual seja tanto em relação ao Tribunal de Contas quanto em se tratando do Poder Legislativo correlato. Neste sentido:

> Se o Prefeito Municipal assume a dupla função, política e administrativa, respectivamente, a tarefa de executar orçamento e o encargo de captar receitas e ordenar despesas submete-se a duplo julgamento. Um político perante o Parlamento precedido de parecer prévio; o outro técnico a cargo da Corte de Contas.[8]

No entanto, o julgamento das contas é somente do Poder Legislativo, certo que o Tribunal de Contas goza de uma função meramente opinativa:

> [...] 2. A autoridade competente para julgar contas de gestão ou anuais de prefeito é a Câmara Municipal. Precedentes. [...]" NE: "O fato de o Tribunal de Contas haver alterado um dos pareceres prévios e arquivado outro em nada influencia, portanto, a conclusão da decisão recorrida, a qual teve como fundamento o que foi decidido pela Câmara Municipal.[9]-[10]

Com efeito, segundo a orientação do artigo 31 da Constituição Federal, a Câmara Municipal exerce, anualmente, o controle externo do Poder Executivo, julgando as contas do Município, com o auxílio da Corte de Contas.[11]

---

7   STJ, RMS nº 11060/GO, rel. Min. Paulo Medina, pub. no DJ de 16.09.2002, p. 159.

8   STJ, RMS nº 11060/GO, rel. Min. Paulo Medina, pub. no DJ de 16.09.2002, p. 159.

9   Ac. de 23.11.2006 no AgRgRO no 1.164, rel. Min. Cezar Peluso.

10 Sobre o tema, ver, ainda: a competência para o julgamento das contas do prefeito é da Câmara Municipal, cabendo ao Tribunal de Contas a emissão de parecer prévio, o que se aplica tanto às contas relativas ao exercício financeiro, prestadas anualmente pelo Chefe do Poder Executivo, quanto às contas de gestão ou atinentes à função de ordenador de despesas. (TSE, RESPE nº 29117/SC, rel. Min. Arnaldo Versiani Leite Soares, pub. na sessão do dia 22.09.2008)

11 Art. 31. A fiscalização do Município será exercida pelo Poder Legislativo Municipal, mediante controle externo, e pelos sistemas de controle interno do Poder Executivo Municipal, na forma da lei.

Hely Lopes Meirelles, bem sintetiza o tema em apreço, no sentido de que:

> Criou-se, assim, para as contas municipais, um sistema misto em que o parecer prévio do Tribunal de Contas ou do órgão equivalente é vinculante para a Câmara de Vereadores até que a votação contra esse mesmo parecer atinja dois terços de seus membros, passando, daí por diante, a ser meramente opinativo e rejeitável pela maioria qualificada do Plenário. Portanto, o parecer do Tribunal ou órgão de contas vale como 'decisão' enquanto a Câmara não o substituir por seu julgamento qualificado pelo *quorum* constitucional.[12]

Postas tais considerações iniciais, vale consignar que existe expressa disposição do art. 21 da Lei de Improbidade Administrativa. (Lei 8.429/92)[13]

E a razão de ser é simples, pois como ressaltado alhures, o Tribunal de Contas goza de uma avaliação TÉCNICA, e não JURÍDICA como aquela posta perante o Poder Judiciário na ação de improbidade.

Deveras, compete somente ao Poder Judiciário o exercício da função jurisdicional, pois a ele incumbe o dever de interpretar e aplicar as leis elaboradas pelo Poder Legislativo ao caso posto em litígio. Logo, sua função típica consiste em aplicar a lei ao caso concreto, com a finalidade de se assegurar a justiça e a realização dos direitos individuais nas relações sociais.

Tal função, obviamente, não poderá ser exercida pelo Tribunal de Contas, ou mesmo pela Câmara de Vereadores, cuja função é meramente OPINATIVA em questões posta em Juízo.

Outrossim, vale lembrar a regra da independência das esferas administrativa e judicial vigente em nosso ordenamento jurídico.

---

§ 1º – O controle externo da Câmara Municipal será exercido com o auxílio dos Tribunais de Contas dos Estados ou do Município ou dos Conselhos ou Tribunais de Contas dos Municípios, onde houver.

§ 2º. O parecer prévio, emitido pelo órgão competente sobre as contas que o Prefeito deve anualmente prestar, só deixará de prevalecer por decisão de dois terços dos membros da Câmara Municipal.

12 Direito Administrativo Brasileiro, 17a ed, pg. 603.

13 Art. 21. A aplicação das sanções previstas nesta lei independe:
I – da efetiva ocorrência de dano ao patrimônio público, salvo quanto à pena de ressarcimento;
II – da aprovação ou rejeição das contas pelo órgão de controle interno ou pelo Tribunal ou Conselho de Contas." (Grifo nosso)

Deveras, via de regra, a definição na via administrativa não obsta o seu início ou continuidade perante o crivo jurisdicional, eis que o ordenamento jurídico pátrio consagrou, como corolário do princípio constitucional da separação dos Poderes, a independência entre as instâncias administrativa e judicial. E como resultado desta independência posta na própria Constituição Federal, observa-se a possibilidade de decisão totalmente diversa no âmbito jurisdicional, ainda que haja decisão de aprovação/rejeição de contas por parte de outros órgãos, seja quando emane do Poder Legislativo ou mesmo de um órgão auxiliar, como o é o Tribunal de Contas.

Neste jaez, por diversas vezes já se pronunciou a jurisprudência:

> PROCESSO CIVIL. ADMINISTRATIVO. IMPROBIDADE. INDEPENDÊNCIA ESFERAS JUDICIAL E ADMINISTRATIVA. PROPOSITURA DA AÇÃO DE IMPROBIDADE. DESNECESSIDADE DE ESGOTAMENTO DAS VIAS DE APURAÇÃO ADMINISTRATIVAS. I – Há independência entre as esferas judicial e administrativa, não sendo pressuposto para o manejo da ação de improbidade o anterior esgotamento das vias de apuração no âmbito administrativo, entre elas, os procedimentos de tomada de contas junto aos Tribunais respectivos. II – A decisão de primeiro grau que recebeu a ação encontra-se suficientemente fundamentada, ficando claro, como dito, que não é possível a formulação de juízo negativo acerca dos fatos arrolados a fim de espancar de imediato a sua natureza ímproba. III – A questão da legitimidade para a ação confunde-se, no caso, com o exame dos elementos atinentes à responsabilidade, o que somente será possível com adequada instrução processual. IV – Recurso que se nega provimento.[14]

Outrossim, em outra oportunidade, já se afastou a questão da impossibilidade de ajuizamento de ação de improbidade administrativa, quando não houver trânsito em julgado do acórdão do Tribunal de Contas:

> PROCESSO CIVIL. AGRAVO DE INSTRUMENTO. AÇÃO DE IMPROBIDADE. DECISÃO DO TCU. INDISPONIBILIDADE DOS BENS. PROCEDIMENTO ANTES DA DEFESA PRELIMINAR. MEDIDA CAUTELAR. BLOQUEIO DE RECURSOS PARA SUBSISTÊNCIA DO RÉU E DE SUA FAMÍLIA. 1. O fato de o acórdão do Tribunal de Contas da União – TCU sobre as irregularidades das contas da gestão do agente não ter transitado em julgado não impede que a ação de improbidade

---

14 Tribunal Regional Federal da 1ª Região; Processo AG 27148 DF 2006.01.00.027148-6; Relator Desembargador Cândido Ribeiro; Terceira Turma; Julgado em 19/11/2007.

seja ajuizada, ante o que dispõe o inciso II do art. 21 da Lei 8.429, de 02.06.1992. As decisões do TCU não vinculam as do juiz.[15]

Nem mesmo quando a decisão advém do próprio Poder Legislativo o deslinde será diverso, com base no exposto acerca da independência dos poderes, capitulado no art. 2º da Constituição Federal:

> Apelação cível. Ação civil pública fundada na improbidade administrativa. Reembolso de despesas realizadas pelo réu Presidente da Câmara Municipal de Poá no exercício de 1997, reputado ilegal. Despesas efetuadas para pagamento de refeições, sem relação com o interesse público. Aprovação das contas da Câmara Municipal pelo Tribunal de Contas do Estado que não interfere na apuração da prática do ato de improbidade. Despesas impróprias que configuram improbidade administrativa (artigo 10, inciso I, da Lei nº8.429/92) e justificam o ressarcimento. Adequação das sanções, em conformidade com os princípios constitucionais da razoabilidade e proporcionalidade. Recursos do Ministério Público e do réu parcialmente providos. *(Grifo nosso)*[16]
>
> AÇÃO CIVIL PÚBLICA. REJEIÇÃO. CONTAS MUNICIPAIS. TRIBUNAL DE CONTAS. APROVAÇÃO PELO LEGISLATIVO MUNICIPAL. IMPROBIDADE ADMINISTRATIVA. RESSARCIMENTO AO ERÁRIO. PROCEDÊNCIA. A aprovação das contas dos agentes políticos pela Câmara Municipal não impede que seja postulado em Juízo o respectivo ressarcimento dos valores porventura devidos ao erário com base em parecer do Tribunal de Contas Estadual, haja vista que a decisão da Câmara se restringe apenas à responsabilidade político-administrativa do Alcaide.[17]
>
> AÇÃO CIVIL PÚBLICA. RESSARCIMENTO DE DANOS. IMPROBIDADE ADMINISTRATIVA. A obrigação de indenizar nasce da prática de ato realizado em desconformidade com a Lei, causador de presumido dano à moralidade administrativa, eis que o dano é a ofensa à legalidade e à moralidade, cuja mensuração, para efeito de reparação material, tem por parâmetro o efetivo dispêndio feito pelo erário, como decorrentes das despesas forçadas pelo ato ilegal. Nem mesmo a aprovação das contas pelo Poder Legislativo possui o condão de afastar a investigação da questão pelo Ministério Público e o exame da matéria pelo Poder Judiciário,

---

15 Processo AG 2006.01.00.020535-3/MA; Tribunal Regional Federal da 1ª Região; Relator Desembargador Federal Tourinho Neto, DJ de 09/03/2007.

16 Processo 0084937-36.2006.8.26.0000; Tribunal de Justiça do Estado de São Paulo; 8ª Câmara de Direito Público; Relator Osni de Souza; Julgado em 29/02/2012.

17 Processo 10242030011199001l/MG; Tribunal de Justiça de Minas Gerais; Relator Belizário de Lacerda; Julgado em 06/12/2005.

sob pena de ofensa à garantia de que a Lei não excluirá da apreciação do Poder Judiciário lesão ou ameaça a direito. (CF, art. 5º, XXXV)[18]

Com efeito, a própria Lei nº 8.429/92 em seu artigo 21, estabelece que a aplicação das sanções nela previstas "independe da efetiva ocorrência de dano ao patrimônio público ou da aprovação ou rejeição das contas pelo órgão de controle interno ou pelo Tribunal ou Conselho de Contas".

Neste jaez, por diversas vezes o Egrégio Superior Tribunal de Justiça já se manifestou:

> ADMINISTRATIVO. AÇÃO CIVIL PÚBLICA. IMPROBIDADE ADMINISTRATIVA. DESPESAS DE VIAGEM. PRESTAÇÃO DE CONTAS. IRREGULARIDADE. LESÃO A PRINCÍPIOS ADMINISTRATIVOS. ELEMENTO SUBJETIVO. DANO AO ERÁRIO. COMPROVAÇÃO. DESNECESSIDADE. SANÇÃO DE RESSARCIMENTO EXCLUÍDA. MULTA CIVIL REDUZIDA. (...) A aplicação das sanções previstas na Lei de Improbidade independe da aprovação ou rejeição das contas pelo órgão de controle interno ou pelo tribunal ou conselho de contas. (art. 21, II, da Lei 8.429/92)[19]

> ADMINISTRATIVO. AÇÃO CIVIL PÚBLICA. IMPROBIDADE ADMINISTRATIVA. DESPESAS DE VIAGEM. PRESTAÇÃO DE CONTAS. IRREGULARIDADE. LESÃO A PRINCÍPIOS ADMINISTRATIVOS. ELEMENTO SUBJETIVO. DANO AO ERÁRIO. COMPROVAÇÃO. DESNECESSIDADE. SANÇÃO DE RESSARCIMENTO EXCLUÍDA. MULTA CIVIL REDUZIDA. 1. A lesão a princípios administrativos contida no art. 11 da Lei nº 8.429/92 não exige dolo ou culpa na conduta do agente nem prova da lesão ao erário público. Basta a simples ilicitude ou imoralidade administrativa para restar configurado o ato de improbidade. Precedente da Turma. 2. A aplicação das sanções previstas na Lei de Improbidade independe da aprovação ou rejeição das contas pelo órgão de controle interno ou pelo tribunal ou conselho de contas. (art. 21, II, da Lei 8.429/92)[20]

> PROCESSUAL CIVIL. ADMINISTRATIVO. AÇÃO CIVIL PÚBLICA. MINISTÉRIO PÚBLICO. LEGITIMIDADE. DANO AO ERÁRIO. LICITAÇÃO. ECONOMIA MISTA. RESPONSABILIDADE. (...) 8.

---

18 Processo AC 1.0000.00.248319-6/000; Tribunal de Justiça de Minas Gerais; Relator Bady Curi; Julgado em 24/4/2003.

19 STJ, REsp 880.662/MG, Relator Castro Meira, 2ª Turma, j. 15/2/2007, DJ 1/3/2007, p. 255.

20 REsp 880.662/MG; Superior Tribunal de Justiça; 2ª Turma; Relator Ministro Castro Meira; Julgado em 15/2/2007.

O fato de o Tribunal de Contas ter apreciado os contratos administrativos não impede o exame dos mesmos em Sede de Ação Civil Pública pelo Poder Judiciário...[21]

Os Recorrentes alegam a inexistência de ato ímprobo, vez que não teria havido prejuízo ao erário, aduzindo que as contas referentes ao Convênio nº 843/98 foram aprovadas pelo TCU. Como se sabe, as decisões proferidas pelo TCU possuem caráter administrativo, sendo passíveis de revisão pelo Judiciário. Ademais, a Lei nº 8.429/92, no artigo 21, estabelece que a aplicação das sanções nela previstas independe da efetiva ocorrência de dano ao patrimônio público ou da aprovação ou rejeição das contas pelo órgão de controle interno ou pelo Tribunal ou Conselho de Contas.[22]

Em suma, em razão do caráter ADMINISTRATIVO das decisões emanadas do Tribunal de Contas, estas são plenamente passíveis de revisão por parte do Poder Judiciário, mesmo porque trata-se de órgão TÉCNICO, cujos pareceres podem ou não ser acatados pelo Legislativo e ambas as análises não interferem no correlato crivo jurisdicional do caso em concreto. O Tribunal de Contas não integra o Poder Judiciário ou mesmo o Poder Legislativo, certo que suas decisões emanam de um controle POLÍTICO, nos moldes daquele vislumbrado por Montesquieu da sistemática de "freios e contrapesos" (*checks and balances*).

Logo, indubitável que a aplicação das sanções previstas na Lei de Improbidade independe da aprovação ou rejeição das contas pelo órgão de controle interno ou pelo tribunal ou conselho de contas.

---

21 REsp 403153/SP; Superior Tribunal de Justiça; 1ª Turma; Relator Ministro José Delgado; Julgado em 9/9/2003.

22 TRF 2ª Região, AC 2002.51.05.001093-7, 7ª Turma Especializada, Relator Reis Friede, DJU 5/3/2009, p. 133.

2

AS CONDUTAS DA LEI DE IMPROBIDADE ADMINISTRATIVA SÃO TAXATIVAS?

Outro tema em voga concerne se condutas insculpidas na Lei de Improbidade Administrativa seriam taxativas, *numerus clausus*, ou meramente exemplificativas, de forma a representar um norte ao aplicador do direito.

A Lei de Improbidade Administrativa (Lei 8.429/1992) elenca em seus artigos 9º a 11 as condutas atentatórias a referida lei. Segundo a lei em comento, a improbidade administrativa comporta claramente três modalidades distintas de infração, pois os artigos definem respectivamente os atos de improbidade administrativa que importam o enriquecimento ilícito, causam prejuízo ao erário e atentam contra os princípios da administração pública.

Da análise das condutas definidas nos artigos em comento, surge a dúvida quanto à taxatividade ou não das hipóteses previstas nos seus incisos. Neste ponto, a doutrina e jurisprudência apresentam certa divergência.

Isto posto, caro leitor, faz-se necessária a transcrição de referidos artigos.[23]

---

23 Dos Atos de Improbidade Administrativa que Importam Enriquecimento Ilícito

Art. 9º Constitui ato de improbidade administrativa importando enriquecimento ilícito auferir qualquer tipo de vantagem patrimonial indevida em razão do exercício de cargo, mandato, função, emprego ou atividade nas entidades mencionadas no art. 1º desta lei, e notadamente:

I – receber, para si ou para outrem, dinheiro, bem móvel ou imóvel, ou qualquer outra vantagem econômica, direta ou indireta, a título de comissão, percentagem, gratificação ou presente de quem tenha interesse, direto ou indireto, que possa ser atingido ou amparado por ação ou omissão decorrente das atribuições do agente público;

II – perceber vantagem econômica, direta ou indireta, para facilitar a aquisição, permuta ou locação de bem móvel ou imóvel, ou a contratação de serviços pelas entidades referidas no art. 1º por preço superior ao valor de mercado;

Postas tais premissas iniciais, exsurge a dúvida se todas as condutas transcritas nos incisos abaixo seriam meramente exemplificativas ou taxativas.

> III – perceber vantagem econômica, direta ou indireta, para facilitar a alienação, permuta ou locação de bem público ou o fornecimento de serviço por ente estatal por preço inferior ao valor de mercado;
>
> IV – utilizar, em obra ou serviço particular, veículos, máquinas, equipamentos ou material de qualquer natureza, de propriedade ou à disposição de qualquer das entidades mencionadas no art. 1º desta lei, bem como o trabalho de servidores públicos, empregados ou terceiros contratados por essas entidades;
>
> V – receber vantagem econômica de qualquer natureza, direta ou indireta, para tolerar a exploração ou a prática de jogos de azar, de lenocínio, de narcotráfico, de contrabando, de usura ou de qualquer outra atividade ilícita, ou aceitar promessa de tal vantagem;
>
> VI – receber vantagem econômica de qualquer natureza, direta ou indireta, para fazer declaração falsa sobre medição ou avaliação em obras públicas ou qualquer outro serviço, ou sobre quantidade, peso, medida, qualidade ou característica de mercadorias ou bens fornecidos a qualquer das entidades mencionadas no art. 1º desta lei;
>
> VII – adquirir, para si ou para outrem, no exercício de mandato, cargo, emprego ou função pública, bens de qualquer natureza cujo valor seja desproporcional à evolução do patrimônio ou à renda do agente público;
>
> VIII – aceitar emprego, comissão ou exercer atividade de consultoria ou assessoramento para pessoa física ou jurídica que tenha interesse suscetível de ser atingido ou amparado por ação ou omissão decorrente das atribuições do agente público, durante a atividade;
>
> IX – perceber vantagem econômica para intermediar a liberação ou aplicação de verba pública de qualquer natureza;
>
> X – receber vantagem econômica de qualquer natureza, direta ou indiretamente, para omitir ato de ofício, providência ou declaração a que esteja obrigado;
>
> XI – incorporar, por qualquer forma, ao seu patrimônio bens, rendas, verbas ou valores integrantes do acervo patrimonial das entidades mencionadas no art. 1º desta lei;
>
> XII – usar, em proveito próprio, bens, rendas, verbas ou valores integrantes do acervo patrimonial das entidades mencionadas no art. 1º desta lei.
>
> Dos Atos de Improbidade Administrativa que Causam Prejuízo ao Erário
>
> Art. 10. Constitui ato de improbidade administrativa que causa lesão ao erário qualquer ação ou omissão, dolosa ou culposa, que enseje perda patrimonial, desvio, apropriação, malbaratamento ou dilapidação dos bens ou haveres das entidades referidas no art. 1º desta lei, e notadamente:

I – facilitar ou concorrer por qualquer forma para a incorporação ao patrimônio particular, de pessoa física ou jurídica, de bens, rendas, verbas ou valores integrantes do acervo patrimonial das entidades mencionadas no art. 1º desta lei;

II – permitir ou concorrer para que pessoa física ou jurídica privada utilize bens, rendas, verbas ou valores integrantes do acervo patrimonial das entidades mencionadas no art. 1º desta lei, sem a observância das formalidades legais ou regulamentares aplicáveis à espécie;

III – doar à pessoa física ou jurídica bem como ao ente despersonalizado, ainda que de fins educativos ou assistências, bens, rendas, verbas ou valores do patrimônio de qualquer das entidades mencionadas no art. 1º desta lei, sem observância das formalidades legais e regulamentares aplicáveis à espécie;

IV – permitir ou facilitar a alienação, permuta ou locação de bem integrante do patrimônio de qualquer das entidades referidas no art. 1º desta lei, ou ainda a prestação de serviço por parte delas, por preço inferior ao de mercado;

V – permitir ou facilitar a aquisição, permuta ou locação de bem ou serviço por preço superior ao de mercado;

VI – realizar operação financeira sem observância das normas legais e regulamentares ou aceitar garantia insuficiente ou inidônea;

VII – conceder benefício administrativo ou fiscal sem a observância das formalidades legais ou regulamentares aplicáveis à espécie;

VIII – frustrar a licitude de processo licitatório ou dispensá-lo indevidamente;

IX – ordenar ou permitir a realização de despesas não autorizadas em lei ou regulamento;

X – agir negligentemente na arrecadação de tributo ou renda, bem como no que diz respeito à conservação do patrimônio público;

XI – liberar verba pública sem a estrita observância das normas pertinentes ou influir de qualquer forma para a sua aplicação irregular;

XII – permitir, facilitar ou concorrer para que terceiro se enriqueça ilicitamente;

XIII – permitir que se utilize, em obra ou serviço particular, veículos, máquinas, equipamentos ou material de qualquer natureza, de propriedade ou à disposição de qualquer das entidades mencionadas no art. 1º desta lei, bem como o trabalho de servidor público, empregados ou terceiros contratados por essas entidades.

XIV – celebrar contrato ou outro instrumento que tenha por objeto a prestação de serviços públicos por meio da gestão associada sem observar as formalidades previstas na lei;

XV – celebrar contrato de rateio de consórcio público sem suficiente e prévia dotação orçamentária, ou sem observar as formalidades previstas na lei.

De acordo com uma primeira interpretação, consoante uma análise meramente literal do dispositivo, com base simplesmente na redação dos artigos, sustenta-se a previsão taxativa dos casos expostos (*numerus clausus*), sob pena de afronta ao princípio da reserva legal.

Os defensores de tal posicionamento utilizam-se como tese do princípio da reserva legal ou de legalidade, previsto na Constituição Federal (art. 5º, XXXIX, da Constituição Federal), e famoso ensinamento de que *nullum crimen, nulla poena sine praevia lege* (não há crime, nem pena, sem lei preexistente).

Por sua vez, a posição da doutrina majoritária para o caso estabelece que as situações elencadas nos respectivos incisos são meramente exemplificativas. Configurar-se-iam, portanto, em um verdadeiro caso de *numerus apertus* por parte do legislador.

Com efeito, podem ser citados diversos exemplos. Marino Pazzaglini Filho entende que "não é rol taxativo ou exaustivo, o que fica claro pela utilização, no caput, do advérbio notadamente para enunciar a dúzia de incisos exemplificativos do enunciado".[24]

Emerson Garcia e Rogério Pacheco Alves, por sua vez, percebe que:

> Dos Atos de Improbidade Administrativa que Atentam Contra os Princípios da Administração Pública
>
> Art. 11. Constitui ato de improbidade administrativa que atenta contra os princípios da administração pública qualquer ação ou omissão que viole os deveres de honestidade, imparcialidade, legalidade, e lealdade às instituições, e notadamente:
>
> I – praticar ato visando fim proibido em lei ou regulamento ou diverso daquele previsto, na regra de competência;
>
> II – retardar ou deixar de praticar, indevidamente, ato de ofício;
>
> III – revelar fato ou circunstância de que tem ciência em razão das atribuições e que deva permanecer em segredo;
>
> IV – negar publicidade aos atos oficiais;
>
> V – frustrar a licitude de concurso público;
>
> VI – deixar de prestar contas quando esteja obrigado a fazê-lo;
>
> VII – revelar ou permitir que chegue ao conhecimento de terceiro, antes da respectiva divulgação oficial, teor de medida política ou econômica capaz de afetar o preço de mercadoria, bem ou serviço.

---

24 Marino Pazzaglini Filho. Princípios reguladores da Administração Pública. São Paulo, Editora Atlas, 2000, pg. 62.

Da leitura dos referidos dispositivos legais, depreende-se a coexistência de duas técnicas legislativas: de acordo com a primeira, vislumbrada no caput dos dispositivos tipificadores de improbidade, tem-se a utilização de conceitos jurídicos indeterminados, apresentando-se como instrumento adequado ao enquadramento do infindável número de ilícitos passíveis de serem praticados, os quais são frutos inevitáveis da criatividade e do poder de improvisação humanos; a segunda, por sua vez, foi utilizada na formação dos diversos incisos que compõem os arts. 9º, 10 e 11, tratando-se de previsões, específicas ou passíveis de integração, das situações que comumente consubstanciam a improbidade, as quais, além de facilitar a compreensão dos conceitos indeterminados veiculados no *caput*, têm natureza meramente exemplificativa, o que deflui do próprio emprego do advérbio "notadamente". A técnica legislativa adotada pela Lei nº 8.429/92, ao tipificar os atos de improbidade, denota que os ilícitos previstos nos incisos assumem relativa independência em relação ao caput, sendo normalmente desnecessária a valoração dos conceitos indeterminados previstos no caput dos preceitos tipificadores da improbidade, pois o desvalor da conduta, o nexo de causalidade e a potencialidade lesiva foram previamente sopesados pelo legislador, culminando em estatuir nos incisos as condutas que indubitavelmente importam em enriquecimento ilícito, acarretam dano ao erário ou violam os princípios administrativos".[25]

Neste diapasão, exsurge de plena importância os métodos de hermenêutica para o deslinde do caso em apreço. Logo, faz-se necessária uma interpretação correta e apropriada da lei, pois não é crível que esta possa disciplinar todos os comportamentos ou condutas que representem ato de improbidade administrativa, por mais criativo que seja o legislador.

Outrossim, vale consignar que há diversos métodos para o exercício da hermenêutica, como o literal; histórico; teleológico e o lógico-sistemático.

Portanto, no que tange ao tema em voga, qual seja a questão se as situações elencadas nos respectivos incisos dos artigos 9º a 11º da Lei de Improbidade são meramente exemplificativas, a resposta será que se trata de incisos meramente exemplificativos, seja pela adoção da interpretação meramente literal, teleológica ou mesmo pela lógico-sistemática.

---

25 Emerson Garcia e Rogério Pacheco Alves. Improbidade Administrativa. Rio de Janeiro, Editora Lumen Juris, 2002, pg. 189.

Com efeito, caso se adote por uma metodologia meramente literal, como o fazem muitos doutrinadores, a existência da expressão "notadamente" já conduz ao raciocínio de que se trata de condutas configuradas a título exemplificativo em relação ao *caput*.

Como corolário do caráter aberto dos casos de improbidade, vale a transcrição dos artigos:

> "Art. 9º Constitui ato de improbidade administrativa importando enriquecimento ilícito auferir qualquer tipo de vantagem patrimonial indevida em razão do exercício de cargo, mandato, função, emprego ou atividade nas entidades mencionadas no art. 1º desta lei, e *notadamente*: (...)"
>
> "Art. 10. Constitui ato de improbidade administrativa que causa lesão ao erário qualquer ação ou omissão, dolosa ou culposa, que enseje perda patrimonial, desvio, apropriação, malbaratamento ou dilapidação dos bens ou haveres das entidades referidas no art. 1º desta lei, e *notadamente*: (...)"
>
> "Art. 11. Constitui ato de improbidade administrativa que atenta contra os princípios da administração pública qualquer ação ou omissão que viole os deveres de honestidade, imparcialidade, legalidade, e lealdade às instituições, e *notadamente*: (...)"

Com efeito, ainda que haja uma análise meramente literal dos dispositivos em questão, a mesma conclusão adotada alhures vem a lume, especialmente em razão do termo "notadamente" ao final de cada artigo, expressão que deixa clarividente que os incisos são meramente exemplificativos e não taxativos. Isto posto, mesmo que a conduta não se amolde completamente nos incisos elucidados, caso estejam nos moldes do estabelecido no "caput" de cada um, configurar-se-á o ato de improbidade.

Não diversa é a posição de abalizada doutrina, com os seguintes dizeres:

> Embora a lei, nos três dispositivos, tenha elencado um rol de atos de improbidade, não se trata de enumeração taxativa, mas meramente exemplificativa. Ainda que o ato não se enquadre em uma das hipóteses previstas expressamente nos vários incisos dos três dispositivos, poderá ocorrer improbidade sancionada pela lei, desde que enquadrada no caput dos artigos 9º, 10 ou 11. Nos três dispositivos, aparece a descrição da infração seguida da expressão 'e notadamente', a indicar a natureza exemplificativa dos incisos que se seguem.[26]

---

26 DI PIETRO, Maria Sylvia Zanella. Direito Administrativo. 18. ed. São Paulo, Atlas, 2008, p. 780-781.

Não diversamente, caso haja a interpretação pelo método teleológico, com o escopo de se buscar a finalidade da norma, a solução será a mesma em razão de qual tal norma fora criada com o intuito de se proteger a *res publica* através de um desvio de conduta do agente público, no exercício indevido de suas funções, o que pode ocorrer de diversas formas, sem a possibilidade de serem todas elencadas nos incisos correspondentes.

Por fim, mesmo em se tratando da técnica lógico-sistemática, a qual consiste no dever de examinar a norma como um todo, não apenas em relação a partes isoladas, a mesma conclusão será galgada, eis que deve ser analisada a Lei de Improbidade como um todo, que têm por base atos que geram enriquecimento ilícito, dano ao erário ou mesmo violadores dos princípios da administração pública. Vislumbra-se que a possibilidade de definição de todas as formas de violação aos bens jurídicos tutelados seria impossível, até mesmo pelo mais criativo dos legisladores.

Portanto, trata-se de clarividente impossibilidade do legislador pátrio prever todas as possíveis formas de violação à probidade administrativa.

Exatamente de acordo com o exposto acima, posicionou-se o Superior Tribunal de Justiça, nos seguintes termos:

> Ora, no Direito da Improbidade Administrativa a marca é a tipicidade aberta, a começar pelo próprio sentido de moralidade administrativa. A Lei de Improbidade não lista, nem descreve, em *numerus clausus*, as condutas e tipos puníveis, ao contrário do que o fazem o Código Penal e as normas que prevêem ilícitos administrativos e disciplinares. Nem poderia fazê-lo, *pois o legislador não teria como antecipar exaustivamente todas as ações contrárias à boa Administração*. (REsp 892.818; *Superior Tribunal de Justiça; Relator Ministro Herman Benjamin; Julgado em 11/11/2008*)

No mesmo jaez:

> 1. Os atos de improbidade administrativa descritos no rol exemplificativo do art. 11 da Lei nº 8.429/92 não requerem, para a sua configuração, o enriquecimento ilícito do autor do fato - exigido pelo art. 9º da lei -, tampouco o efetivo prejuízo patrimonial à Administração Pública - exigência feita pelo art. 10 -, bastando o prejuízo ao seu patrimônio moral decorrente da ofensa aos princípios que regem os atos administrativos, o que, aliás, vem expresso no inc. I, do art. 21 da lei de improbidade. 2. Não cabe sancionar mera irregularidade contábil praticada pela deficiente e precária administração da municipalidade quando não comprovada a efetividade de prática de atos tipificados na Lei 8.429/92. 3. Não evidenciado dano patrimonial à Administração, enriquecimento ilícitoou afronta a princípios constitucionais da legalidade,

impessoalidade e moralidade administrativa, mantém-se o entendimento da sentença pela improcedência da ação movida pelo Ministério Público. 4. Improvimento da apelação. (Grifo Nosso).[27]

Como complemento à posição supra, vale ressaltar que os atos de improbidade administrativa ostentam uma NATUREZA CIVIL e, consequentemente, goza de um caráter mais genérico do que aquele rigorismo estrito e ligado ao princípio da legalidade observado no Direito Penal, de sorte que não pode ser ceifada a *ratio legis* do legislador, ou seja, a proteção da probidade administrativa na gestão da *res publica*.

Com efeito, o objetivo maior da norma legal é exatamente sancionar o atentado contra os princípios da administração, em especial referência ao enriquecimento ilícito, prejuízo ao erário e violação aos princípios da Administração, situações que encontram sua descrição genérica no *caput* dos respectivos dispositivos, de forma que não se faz necessário a elucidação estrita nos incisos enumerados em cada artigo.

Portanto, a conclusão lógica exposta nos parágrafos acima denota que as situações elencadas nos respectivos incisos dos arts. 9º a 11 da Lei de Improbidade são meramente exemplificativas (*numerus apertus*) por parte do legislador.

---

27 Tribunal Regional Federal da 4ª Região; Apelação Cível 1218 RS 2004.71.01.001218-5; Relator CARLOS EDUARDO THOMPSON FLORES LENZ: Julgado em 9/01/2008; TERCEIRA TURMA.

3

LEI DE IMPROBIDADE ADMINISTRATIVA E LEI COMPLEMENTAR 135/2010

A questão da corrupção e suas consequências negativas há muito tempo atentam contra o Estado Democrático de Direito e, infelizmente, passou a se tornar matéria comum e hodierna na imprensa pátria e internacional.

Justamente com este fito, há tempos já se discute a necessidade de mecanismos de controle eficientes, bem como a necessidade de se impor uma punição severa, exemplar aos infratores, aliados a uma metodologia de fiscalização efetiva para se coibir esta mazela arraigada na sociedade brasileira.

A Lei Complementar 135/2010 foi elaborada com a finalidade de proteger a probidade administrativa e a moralidade no exercício do mandato político, de modo que prevê os "casos de inelegibilidade, prazos de cessação e determina outras providências, para incluir hipóteses de inelegibilidade que visam a proteger a probidade administrativa e a moralidade no exercício do mandato".

Trata-se de Lei Editada com clarividente pressão da opinião pública, face aos recentes escândalos noticiados na imprensa, de modo que tem por escopo moralizar a política brasileira. A principal inovação da "Lei da Ficha Limpa" consiste em possibilitar que os candidatos se tornem inelegíveis antes de a decisão ter transitado em julgado, de forma que torna-se suficiente a condenação por órgão colegiado.

A Lei da Ficha Limpa originou-se de um projeto de iniciativa popular, que coletou assinaturas de mais de 1% dos eleitores no País. O texto foi aprovado pelo Congresso em 2010. A lei prevê que serão considerados inelegíveis os candidatos que forem condenados, em decisão transitada em julgado ou proferida por órgão judicial colegiado, em razão da prática de crimes contra a economia popular, a fé pública, a administração pública e o patrimônio público; contra o patrimônio privado, o sistema financeiro, o mercado de capitais e os previstos na lei que regula a falência; e contra o meio ambiente e a saúde pública.

Outra medida importante e gravosa fora a questão do prazo temporal da perda do mandato executivo, que aumentou a inelegibilidade de 3 (três) para 8 (oito) anos.

Por sua vez, especificamente no que tange à Lei de Improbidade Administrativa, segundo o dispositivo expresso contido no art. 20 da Lei nº 8.429/92: "A perda da função pública e a suspensão dos direitos políticos só se efetivam com o trânsito em julgado da sentença condenatória.".

Logo, a Lei de Improbidade exige o trânsito em julgado da sentença condenatória de forma expressa para a suspensão dos direitos políticos, uma medida salutar e consoante o princípio da segurança jurídica.

Neste jaez, o princípio da segurança jurídica está ligado à certeza do Direito, possuindo uma dimensão objetiva e uma dimensão subjetiva. No plano objetivo, este confunde-se com a estabilidade das relações jurídicas, por meio da proteção ao direito adquirido, ao ato jurídico perfeito e à coisa julgada. Neste sentido, o art. 5º, XXXVI, da Constituição Federal aduz que "a lei não prejudicará o direito adquirido, o ato jurídico perfeito e a coisa julgada". Por sua vez, no plano subjetivo, a segurança jurídica coaduna-se com a proteção à confiança, que, segundo Maria Sylvia, "leva em conta a boa-fé do cidadão, que acredita e espera que os atos praticados pelo Poder Público sejam lícitos e, nessa qualidade, serão mantidos e respeitados pela própria Administração e por terceiros".[28]

Logo, torna-se essencial a existência de um Estado de Direito no qual se possa confiar nas decisões proferidas pelo Poder Judiciário e na aplicação das leis. Com efeito, pode-se dizer que o princípio da segurança jurídica se apresenta como um verdadeiro pilar de um Estado Democrático de Direito, seja em suas dimensões objetiva e subjetiva, como citado acima.

Justamente com este entendimento, Canotilho defende a segurança jurídica ser uma das vigas mestras da ordem jurídica e aduz que:

> Os princípios da protecção da confiança e da segurança jurídica podem formular-se assim: o cidadão deve poder confiar em que aos seus actos ou às decisões públicas incidentes sobre os seus direitos, posições jurídicas e relações, praticados ou tomadas de acordo com as normas jurídicas vigentes, se ligam os efeitos jurídicos duradouros, previstos ou calculados com base nessas mesmas normas. Estes princípios apontam basicamente para: (1) a proibição de leis retroactivas; (2) a inaltera-

---

28 DI PIETRO, Maria Sylvia Zanella. *Direito administrativo*. 23. ed. São Paulo: Atlas, 2010, p. 86.

bilidade do caso julgado; (3) a tendencial irrevogabilidade de actos administrativos constitutivos de direitos.[29]

Por sua vez, José Afonso da Silva sintetiza que a segurança jurídica: "consiste no conjunto de condições que tornam possível às pessoas o conhecimento antecipado e reflexivo das consequências diretas de seus atos e de seus fatos à luz da liberdade reconhecida".

Dessa forma, tal penalidade somente tem cabimento com o correlato trânsito em julgado da sentença, pois somente após este marco ter-se-ia exaurido o direito à ampla defesa e ao contraditório, em todas as instâncias e será plenamente assegurada a SEGURANÇA JURÍDICA ao caso concreto, eis que o trânsito em julgado da sentença tem o condão de transformar um juízo de probabilidade em certeza.

Outrossim, em não raras hipóteses o Supremo Tribunal Federal ou mesmo o Superior Tribunal de Justiça revertem os julgados proferidos pelos Tribunais de Segunda Instância, o que ensejaria clarividente prejuízo e instabilidade política diante da nova lei, conforme exposto alhures.

Embora todos concordem que a corrupção seja uma mazela a ser combatida de forma hercúlea, esta finalidade não pode ser galgada por meio da relativização de princípios e garantias constitucionais.

É certo que do ponto de vista ético e moralizador, é extremamente salutar evitar a candidatura daqueles que não possuem uma conduta pessoal compatível com a moralidade, contudo o que não se faz crível é a defesa de uma lei que ofenda os Direitos e Garantias Fundamentais, pois de forma clara atenta e afronta o princípio da inocência e limita o exercício de direitos (capacidade eleitoral passiva) antes do definitivo e irreformável trânsito em julgado.

Decerto, dentre as relevantes disposições, a que gera a maior controvérsia e discussão é aquela disposta no art. 1º, l, da LC nº 64/90.[30]

Com efeito, face à nova redação, não mais se exige uma decisão judicial transitada em julgado com a finalidade de suspensão dos direitos

---

29 CANOTILHO, J. J. GOMES. *Direito constitucional*. 6. ed. Coimbra: Almeida, 1995, p. 373.

30 Art. 1º São inelegíveis: (...) l) os que forem condenados à suspensão dos direitos políticos, em decisão transitada em julgado ou proferida por órgão judicial colegiado, por ato doloso de improbidade administrativa que importe lesão ao patrimônio público e enriquecimento ilícito, desde a condenação ou o trânsito em julgado até o transcurso do prazo de 8 (oito) anos após o cumprimento da pena;

políticos, de modo que a decisão por órgão judicial colegiado eiva-se a condição suficiente para a aplicação da penalidade.

Trata-se, portanto, de uma inversão do princípio máximo da inocência, esculpido no art. 5º, inciso LVII, da Constituição Federal, segundo o qual "ninguém será considerado culpado até o trânsito em julgado da sentença penal condenatória".

Neste jaez, tem-se um dos princípios basilares do Estado Democrático de Direito, como uma garantia processual ao acusado, um verdadeiro direito fundamental.

Com efeito, salutares são os dizeres no sentido de que:

> O princípio da presunção de inocência tem seu marco principal no final do século XVIII, em pleno Iluminismo, quando, na Europa Continental, surgiu a necessidade de se insurgir contra o sistema processual inquisitório, de base romano – canônica, que vigia desde o século XII. Nesse período e sistema, o acusado era desprovido de toda e qualquer garantia. Surgiu a necessidade de se proteger o cidadão do arbítrio do Estado que, a qualquer preço, queria sua condenação, presumindo-o, como regra culpado. Com a eclosão da Revolução Francesa, nasce o diploma marco dos direitos e garantias fundamentais do homem: a declaração dos direitos do Homem e do Cidadão, de 1789. Ficando consignado em seu art. 9º que "Todo homem é considerado inocente, até o momento em que, reconhecido como culpado, se julgar indispensável a sua prisão: todo o rigor desnecessário, empregado para a efetuar, deve ser severamente reprimido pela lei.[31]

Desta forma, a constitucionalidade desta lei passou a ser discutida no âmbito doutrinário, uma vez que ninguém pode ser considerado culpado até o trânsito em julgado da sentença condenatória com base no postulado constitucional da inocência.

Tem-se, portanto, uma inversão de valores, de modo que a presunção passa a ser não de inocência, mas sim de culpabilidade, fato este que não corresponde à Vontade da Constituição. (*Wille zur Verfassung*), segundo a Doutrina de Konhad Hesse.

Contudo, é cediço que o Pretório Excelso, diante da análise conjunta das Ações Declaratórias de Constitucionalidade (ADCs 29 e 30) e da Ação Direta de Inconstitucionalidade (ADI 4578), que tratam da

---

31 RANGEL, Paulo. *Direito Processual Penal*. 14. ed. Rio de Janeiro: Lumen Juris, 2008.

Lei Complementar 135/2010, assentou a constitucionalidade da Lei da Ficha Limpa, razão pela qual, no âmbito jurisprudencial, por ora, a discussão está superada.

Todavia, longe de estar pacífica no aspecto doutrinário. Trata-se de decisão tomada por maioria de seus membros e, neste ínterim, O ministro Gilmar Mendes, ao acompanhar em parte o voto do ministro Dias Toffoli, que abriu a divergência no sentido de que a lei colide com os artigos 5º, inciso LVII, e 15, inciso III, da Constituição Federal, de forma que o primeiro dispositivo prevê que ninguém será considerado culpado até o trânsito em julgado de sentença penal condenatória, ao passo que o segundo somente admite a suspensão de direitos políticos por sentença criminal transitada em julgado.

Ademais, no bojo de seu voto, salutares são os dizeres do Ministro Gilmar Mendes, no sentido de que "Não cabe à Corte relativizar conceitos constitucionais atendendo a apelos populares" e, adiante, aduz que "a missão do Supremo é interpretar a Constituição Federal, mesmo contra a opinião majoritária".

Logo, diante da nova sistemática, é certo que o Juízo de certeza fora substituído por um juízo de probabilidade, com a afronta aos princípios da segurança jurídica e do princípio da inocência, que seriam plenamente observados somente com o trânsito em julgado da ação condenatória e não somente pela decisão de um órgão Colegiado.

Neste mesmo sentido, diversas são as vozes no sentido da inconstitucionalidade da lei:

> Mesmo sabendo que, do ponto de vista ético e moralizador, é extremamente louvável a atitude daqueles que pretendem evitar a candidatura dos que não possuem conduta pessoal ou profissional compatível com a moralidade político-representativa, não há como defender uma lei que, à guisa de moralizar a política, ofende Direitos e Garantias Fundamentais, ou seja, que com o escopo de preservar a moralidade, limita o exercício de direitos (capacidade eleitoral passiva) antes do definitivo e irreformável trânsito em julgado. (...) Ora, o princípio da presunção de inocência (uma das mais importantes garantias constitucionais, pois, através dela, o acusado deixa de ser um mero objeto do processo, passando a ser sujeito de direitos dentro da relação processual), que deita raízes no direito romano e que teve previsão expressa na Declaração dos Direitos do Homem e do Cidadão, não pode, em absoluto, sufragar diante de uma lei flagrantemente inconstitucional que, cedendo ao clamor da opinião pública (que, justiça seja feita, se encontra cansada de políticos

corruptos e desonestos), relativiza uma das mais valiosas conquistas do nosso Estado Democrático de Direito." (RAMOS, Diego da Silva. Lei complementar n. 135/2010: inelegibilidade e presunção de inocência. 28 de julho de 2010. Disponível em: < http://www.jurisway.org.br/v2/dhall.asp?id_dh=4424>.)

Outrossim, tal novidade legislativa fomenta uma guerra política, pois ao se "encurtar" uma penalidade que adviria somente com o trânsito em julgado, muitas ações terão por finalidade somente conseguir uma condenação provisória, sem a segurança e a certeza que só o trânsito em julgado pode oferecer.

Em sentido similar, ao tratar das penalidades decorrentes da Lei de Improbidade Administrativa, salutares são as palavras de Fernando Capez:

> A ânsia desmesurada em punir o administrador público com uma pena exemplar é resultado da pressão da mídia ou da opinião pública, o que tem tornado a Lei de Improbidade Administrativa um perigoso instrumento de vingança, cuja incidência, com menoscabo a garantias individuais, produtos de uma árdua e longa conquista histórica, constitui grave retrocesso ao Estado Democrático de Direito.[32]

Por derradeiro, assentada a constitucionalidade da Lei pelo Próprio Supremo Tribunal Federal, resta como medida judicial possível para se sanar o equívoco da lei a propositura de Medida Cautelar Inominada dirigida ao Tribunal competente para a apreciação do recurso contra decisão colegiada para requerer a suspensão da inelegibilidade.

Trata-se do disposto no art. 26-C, introduzido à LC 64/90 pela LC nº 135/10.[33]

A título exemplificativo, o Superior Tribunal de Justiça tem concedido medidas cautelares com o fim de conceder efeito suspensivo a recurso especial interposto, conforme pode-se depreender do seguinte excerto:

---

32 CAPEZ, Fernando. *Limites Constitucionais à Lei de Improbidade*, São Paulo: Saraiva, 2.010, p. 297.

33 Art. 26-C – O órgão colegiado do tribunal ao qual couber a apreciação do recurso contra as decisões colegiadas a que se referem as alíneas d, e, h, j, l e n do inciso I do art. 1º poderá, em caráter cautelar, suspender a inelegibilidade sempre que existir plausibilidade da pretensão recursal e desde que a providência tenha sido expressamente requerida, sob pena de preclusão, por ocasião da interposição do recurso.

MEDIDA CAUTELAR. RECURSO ESPECIAL. PLAUSIBILIDADE DO DIREITO ALEGADO. LEI DA FICHA LIMPA. URGÊNCIA. VIABILIDADE DO APELO. JUÍZO DE COGNIÇÃO SUMÁRIA. LIMINAR DEFERIDA. 1. Busca o requerente resguardar a efetividade do julgamento a ser proferido no recurso especial interposto contra aresto do Tribunal de Justiça do Estado de Rondônia, proferido nos autos de ação civil pública por improbidade administrativa, ajuizada pelo Ministério Público Estadual, com fundamento nos artigos 9º, 10, 11, 12 e 17, da Lei 8.429/92, de forma a afastar o óbice indicado no art. 1º, I, "l", da LC 64/90, com a redação incluída pela LC 135/10, Lei da Ficha Limpa. 2. Em situações excepcionais, o Superior Tribunal de Justiça admite a concessão do provimento cautelar para assegurar a utilidade do julgamento do recurso especial regularmente interposto, desde que efetivamente demonstradas: (a) a plausibilidade do direito alegado; (b) a urgência da prestação jurisdicional; e (c) a viabilidade do apelo nesta Corte. 3. No caso, a regra do art. 26-C da Lei Complementar 64/90, incluído pela Lei Complementar 135/10, dispõe que "[o] órgão colegiado do tribunal ao qual couber a apreciação do recurso contra as decisões colegiadas a que se referem as alíneas d, e, h, j, l e n do inciso I do art. 1º poderá, em caráter cautelar, suspender a inelegibilidade sempre que existir plausibilidade da pretensão recursal e desde que a providência tenha sido expressamente requerida, sob pena de preclusão, por ocasião da interposição do recurso". 4. Em juízo de cognição sumária, vislumbro atendidos os requisitos para o deferimento da medida, principalmente porque a controvérsia travada no especial, em sua grande extensão, limita-se a questões processuais que, se eventualmente acolhidas, podem resultar na alteração do julgado proferido pelo Tribunal a quo. Desse modo, afiguram-se, a princípio, plausíveis as alegações veiculadas no recurso especial. 5. A urgência da prestação jurisdicional fica demonstrada com a proximidade das eleições gerais de 2010, marcadas para o próximo dia 03 de outubro, posto que a demora no deferimento da medida inviabilizará qualquer pretensão eleitoral do requerente. 6. O contexto fático criado com a suspensão do aresto recorrido, o qual confirmou a sentença que condenou o requerente por ato de improbidade administrativa, é perfeitamente reversível, na hipótese de o especial não lograr êxito no âmbito desta Corte, consoante o disposto nos §§ 2º e 3º, do art. 26-C, da LC 64/90, incluído pela LC 135/10, in verbis: "§ 2º Mantida a condenação de que derivou a inelegibilidade ou revogada a suspensão liminar mencionada no caput, serão desconstituídos o registro ou o diploma eventualmente concedidos ao recorrente. § 3º A prática de atos manifestamente protelatórios por parte da defesa, ao longo da tramitação do recurso, acarretará a revogação do efeito suspensivo". 7. Medida liminar deferida.[34]

---

34 Superior Tribunal de Justiça; Medida Cautelar nº 17280/RO; rel. Ministro CASTRO MEIRA; 2º Turma; julgado em 21/09/2010. Ver, ainda, sobre o tema: PROCESSUAL CIVIL E ADMINISTRATIVO. MEDIDA CAUTELAR PARA CONCESSÃO DE EFEITO SUSPENSIVO A RECURSO ESPECIAL. LEI DA FICHA LIMPA. ART. 26-C, DA LC N.º 64/ 1990, ALTERADA PELA LC N.º 135/2010. REQUISITOS. ADITAMENTO DO APELO EXTREMO QUANDO INTERPOSTO EM DATA ANTERIOR À VIGÊNCIA DA LC N.º 135/2010 (ART. 3º). PLAUSIBILIDADE DO DIREITO ALEGADO. ATO DE IMPROBIDADE. GRADAÇÃO DA PENA. VIOLAÇÃO AOS PRINCÍPIOS DA ADMINISTRAÇÃO PÚBLICA. 1. A concessão de efeito suspensivo a recurso interposto contra decisão colegiada que importe na decretação de inelegibilidade para qualquer cargo público (art. 1º, inciso I, da LC n.º 64/90, alterado pela LC n.º 135/2010), nos termos do art. 26-C, da LC n.º 64/90, incluído pela LC n.º 135/2010, pressupõe o atendimento dos seguintes requisitos: a) que a aplicabilidade de referido preceito legal tenha sido suscitada no recurso especial o qual, se protocolado em data anterior à referida modificação legislativa, deverá ser aditado (art.3º, da LC n.º 135/2010), sob pena de preclusão; b) que a inelegibilidade encontre-se prevista nas alíneas "d", "e", "h", "j","l" ou "n", do inciso I, do art. 1º, da LC n.º 64/90, alterado pela LC n.º 135/2010; e c) que reste demonstrada a plausibilidade da pretensão recursal a que se refira a suspensividade. 2. Isto porque, a suspensão dos efeitos da decisão colegiada que decreta a perda dos direitos políticos, por ato de improbidade, encontra previsão no art. 26-C da LC n.º 64/90, incluído pela LC n.º 135/2010, verbis: O órgão colegiado do tribunal ao qual couber a apreciação do recurso contra as decisões colegiadas a que se referem as alíneas d, e, h, j, l e n do inciso I do art. 1o poderá, em caráter cautelar, suspender a inelegibilidade sempre que existir plausibilidade da pretensão recursal e desde que a providência tenha sido expressamente requerida, sob pena de preclusão, por ocasião da interposição do recurso. (...) 4. In casu, ressoa evidente a plausibilidade do direito alegado no apelo extremo uma vez que o requerente foi condenado por ato de improbidade, tão-somente, por violação a Princípios da Administração Pública, ao utilizar verbas do FUNDEF para fins de pagamento de verbas salariais devidas pela Municipalidade aos de juízo acautelatório, desarrazoadas as penas que lhe foram imputadas. 5. Deveras, o Tribunal concluiu ter havido irregularidade, por isso que a Corte, nessas hipóteses, de inépcia do administrador não vislumbra ato de improbidade tout court (Precedentes: Resp 734.984/SP, Rel. Ministro JOSÉ DELGADO, Rel. p/ Acórdão Ministro LUIZ FUX, PRIMEIRA TURMA, julgado em 18/12/2007, DJe 16/06/2008; REsp 917.437/MG, Rel. Ministro FRANCISCO FALCÃO, Rel. p/ Acórdão Ministro LUIZ FUX, PRIMEIRA TURMA, julgado em 16/09/2008, Dje 01/10/2008; REsp 892.818/RS, Rel. Ministro HERMAN BENJAMIN, SEGUNDA TURMA, julgado em 11/11/2008, DJe 10/02/2010) 6.

Em síntese, ainda que exista medida judicial para eventualmente sanar o equívoco da lei, o fato de não mais se exigir uma decisão judicial transitada em julgado com a finalidade de suspensão dos direitos políticos, afronta de uma só vez dois princípios basilares de um Estado Democrático de Direito, qual seja o princípio da inocência e o princípio segurança jurídica, e pode propiciar inúmeros casos de instabilidades políticas nos entes da federação.

Para Bandeira de Mello,

> Violar um princípio é muito mais grave do que transgredir uma norma. A desatenção ao princípio implica ofensa não apenas a um específico mandamento obrigatório, mas a todo o sistema de comandos. É a mais grave forma de ilegalidade ou inconstitucionalidade, conforme o escalão do princípio atingido, porque representa insurgência contra todo o sistema, subversão de seus valores fundamentais.[35]

Em suma, não se perfaz razoável, com um suposto pretexto moralizador, a edição de uma lei que ofenda princípios e Direitos e Garantias Fundamentais, ainda mais quando fundada em um Juízo de mera probabilidade e não de certeza.

Agravo regimental desprovido. (Agravo Regimental na Medica Cautelar nº 17133/MG, rel. Ministro LUIZ FUX, em 1ª Turma, julgado em 14/12/2010)

35 MELLO, Celso Antônio Bandeira de. *Curso de Direito Administrativo*. São Paulo: Malheiros, 12 edição, 2000, p. 747-748.

4

IMPROBIDADE ADMINISTRATIVA E ELEMENTO SUBJETIVO

Outra questão que gera certa controvérsia na Lei de Improbidade Administrativa refere-se ao elemento subjetivo dos casos previstos nos arts. 9º e 11 de referida Lei. Ademais, quanto ao elemento subjetivo do tipo do art. 10, diversamente do que ocorre nos arts. 9º e 11 da Lei de Improbidade, o legislador expressamente reprimiu as condutas dolosas e culposas.

Assim preconizam os dispositivos legais:

> Art. 9º Constitui ato de improbidade administrativa importando enriquecimento ilícito auferir qualquer tipo de vantagem patrimonial indevida em razão do exercício de cargo, mandato, função, emprego ou atividade nas entidades mencionadas no art. 1º desta lei, e notadamente: (...)

> Art. 10. Constitui ato de improbidade administrativa que causa lesão ao erário qualquer ação ou omissão, *dolosa ou culposa*, que enseje perda patrimonial, desvio, apropriação, malbaratamento ou dilapidação dos bens ou haveres das entidades referidas no art. 1º desta lei, e notadamente: (...)

> Art. 11. Constitui ato de improbidade administrativa que atenta contra os princípios da administração pública qualquer ação ou omissão que viole os deveres de honestidade, imparcialidade, legalidade, e lealdade às instituições, e notadamente: (...) (Grifo nosso)

Logo, verifica-se que o texto do *caput* do art. 9 e 11 não fazem referência expressa ao elemento subjetivo do tipo, ao contrário do *caput* do art. 10, onde encontra-se prevista tanto a modalidade culposa quanto a dolosa.

Em se tratando do disposto nos casos de improbidade administrativa tipificados no art. 9º, não há maiores discussões quanto ao elemento subjetivo do tipo, pois o enriquecimento ilícito só pode ser praticado na modalidade dolosa, eis que extremamente improvável na modalidade culposa.

Mesmo em se tratando da modalidade prevista no art. 10, quando há previsão expressa da modalidade culposa, ainda reside controvérsia, como se verá a seguir.

A maior discussão, contudo, reside no art. 11 da Lei de Improbidade, diante da omissão do elemento subjetivo do tipo. Segundo uma primeira corrente, a lei não exige para subsunção da conduta à norma qualquer elemento subjetivo, eis que se trata de responsabilidade objetiva. Uma segunda corrente, aborda o tema de maneira distinta, segundo a qual tanto a conduta dolosa quanto a culposa podem ser verificadas. Por sua vez, a corrente majoritária salienta que a omissão implica a tipificação somente na modalidade dolosa.

Inicialmente, o Superior Tribunal de Justiça abordou a possibilidade de responsabilidade objetivo ao caso *sub examine*.[36]

Todavia, trata-se de corrente amplamente minoritária na doutrina e jurisprudência, mesmo porque é cediço que somente são admitidos casos de responsabilidade objetiva quando esteja expressamente prevista no ordenamento jurídico, o que inocorre no caso em tela,

---

36 Administrativo. Ação civil pública. Improbidade administrativa. Lesão a princípios administrativos. Elemento subjetivo. Comprovação. Desnecessidade. 1. A lesão a princípios administrativos contida no art. 11 da Lei n. 8.429/1992 não exige dolo ou culpa na conduta do agente, nem prova da lesão ao erário público. Basta a simples ilicitude ou imoralidade administrativa para restar configurado o ato de improbidade. 2. Recurso especial improvido. (REsp n. 826.678/GO, Min. Castro Meira, DJ de 23 out. 2006).

Administrativo – Ação civil pública – Ato de improbidade – Ex-prefeito – Contratação de servidores municipais sob o regime excepcional temporário – Inexistência de atos tendentes à realização de concurso público durante todo o mandato – Ofensa aos princípios da legalidade e da moralidade. (...) 3. O ato de improbidade é constatado de forma objetiva, independentemente de dolo ou de culpa e é punido em outra esfera, diferentemente da via penal, da via civil ou da via administrativa. 4. Diante das Leis de Improbidade e de Responsabilidade Fiscal, inexiste espaço para o administrador "desorganizado" e "despreparado", não se podendo conceber que um prefeito assuma a administração de um município sem a observância das mais comezinhas regras de direito público. Ainda que se cogite não tenha o réu agido com má-fé, os fatos abstraídos configuram-se atos de improbidade e não meras irregularidades, por inobservância do princípio da legalidade. 5. Recurso especial conhecido em parte e, no mérito, improvido. (REsp n. 708.170/MG, Min. Eliana Calmon, DJ de 19 dez. 2005).

além do fato da gravidade das sanções impostas em decorrência da improbidade administrativa.

Já um segundo entendimento preconiza a possibilidade de condutas dolosas e culposas, e pode ser visto segundo a lição doutrinária nos seguintes termos:

> Ao contrário do art. 9º, que por natureza não se afina senão com a modalidade dolosa, e com o art. 10, que expressamente admite ambas as formas, o cânon em exame suscita dúvida acerca da possibilidade de punição de ato motivado por culpa. Temos que a análise de alguns dos incisos esclarece. Observe-se o inciso II, que prevê o retardamento ou omissão de prática de ato de ofício. Tal pode decorrer de negligência? Evidente que sim. Pois bem, negligência é culpa. Tudo depende de exame específico da situação que se apresente. Já o desvio de finalidade (inciso I), afigurasse-nos tipicamente fruto de dolo, até porque o agente deve visar a um fim proibido, ou seja, exige-se consciência e vontade. Advirta-se, porém, que o grau de culpa deve ser avaliado, bem como as consequências da conduta. Na falta de gravidade, resta prejudicada a pretensão punitiva do Estado.[37]

Todavia, esta corrente também não se traduz na corrente majoritária, mesmo porque se tais modalidades encontra-se EXPRESSAS no âmbito do art. 10 da Lei de Improbidade, porque também não o estariam no caso do previsto no art. 11 da LIA? Tal resposta advém tanto da incompatibilidade da modalidade culposa no caso em apreço, eis que o DOLO é essencial em tais casos, quanto da ausência de vontade do legislador, o que representa o denominado silêncio eloquente para o caso em apreço, pois se o legislados assim não o dispôs foi porque esta não era a almejada, ou seja, uma omissão intencional.

Por sua vez, a terceira corrente e amplamente majoritária na doutrina e jurisprudência aduz que o art. 11 somente admite a modalidade dolosa de responsabilização, ou seja, somente com a intenção (DOLO) de ofender a *res publica*, de forma que uma conduta meramente culposa não conduz às penalidades elencadas na Lei em comento.

Decerto, a improbidade não significa mera ilegalidade, pois se perfaz necessário o requisito da má-fé para sua configuração. Consequentemente, o elemento subjetivo (DOLO) é imprescindível para o caso, pois

---

37 MEDEIROS, Sérgio Monteiro. *Lei de improbidade administrativa*: comentários e anotações jurisprudenciais. São Paulo: Juarez de Oliveira, 2003.

no caso de haver mera inabilidade ou má gestão, não restará configurada a infração em voga.

E tal interpretação decorre da própria análise etimológica do termo *improbitas*, pois como ressaltado outrora, deriva da desonestidade, e não comporta modalidade simplesmente culposa. Ademais, tal raciocínio também decorre da gravidade das sanções existentes em referida lei, pois não só pode ensejar a perda da função pública, mas também a suspensão dos direitos políticos.

Neste sentido, o entendimento jurisprudencial do STJ:

> Não se pode confundir improbidade com simples ilegalidade. A improbidade é ilegalidade tipificada e qualificada pelo elemento subjetivo da conduta do agente. Por isso mesmo, a jurisprudência do STJ considera indispensável, para a caracterização de improbidade, que a conduta do agente seja dolosa, para a tipificação das condutas descritas nos artigos 9º e 11 da Lei 8.429/92, ou pelo menos eivada de culpa grave, nas do artigo 10.[38]

---

38 Superior Tribunal de Justiça; Rel. Ministro Teori Albino Zavascki, Corte Especial, DJe 28/09/2011. Ver, também, sobre o tema:

> a má-fé é premissa do ato ilegal e ímprobo. Consectariamente, a ilegalidade só adquire o status de improbidade quando a conduta antijurídica fere os princípios constitucionais da Administração Pública coadjuvados pela má-fé do administrador. A improbidade administrativa, mais que um ato ilegal, deve traduzir, necessariamente, a falta de boa-fé. (*Superior Tribunal de Justiça; REsp. 480.387/SP – 2ª Turma; Rel. Ministro Luiz Fux, Julgado em 24/05/2004*).

> "ADMINISTRATIVO. AGRAVO REGIMENTAL NO AGRAVO EM RECURSO ESPECIAL. PREFEITO. IMPROBIDADE ADMINISTRATIVA. PROMOÇÃO PESSOAL INDEVIDA NO CEMITÉRIO LOCAL POR OCASIÃO DO FERIADO DE FINADOS. ART. 11 DA LEI 8.429/92. ELEMENTO SUBJETIVO (DOLO) NÃO CONFIGURADO. AGRAVO DO MINISTÉRIO PÚBLICO FEDERAL DESPROVIDO. 1. A Lei da Improbidade Administrativa (Lei 8.429/92) objetiva punir os praticantes de atos dolosos ou de má-fé no trato da coisa pública, assim tipificando o enriquecimento ilícito (art. 9º), o prejuízo ao erário (art. 10) e a violação a princípios da Administração Pública (art. 11); a modalidade culposa é prevista apenas para a hipótese de prejuízo ao erário (art. 10).2. Não se tolera, porém, que a conduta culposa dê ensejo à responsabilização do servidor por improbidade administrativa; a negligência, a imprudência ou a imperícia, embora possam ser consideradas condutas irregulares e, portanto, passíveis de sanção, não são suficientes para ensejar a punição por improbidade; ademais, causa lesão à razoabilidade jurídica o sancionar-se com a mesma e idêntica reprimenda

Não diverso é o entendimento da Suprema Corte, segundo o qual:

> (...) a probidade administrativa é o mais importante conteúdo do princípio da moralidade pública. Donde o modo particularmente severo como a Constituição reage à violação dela, probidade administrativa, (...). É certo que esse regramento constitucional não tem a força de transformar em ilícitos penais práticas que eventualmente ofendam o cumprimento de deveres simplesmente administrativos. Daí por que a incidência da norma penal referida pelo Ministério Público está a depender da presença de um claro elemento subjetivo – a vontade livre e consciente (dolo) – de lesar o interesse público. Pois é assim que se garante a distinção, a meu sentir necessária, entre atos próprios do cotidiano político-administrativo (controlados, portanto, administrativa e judicialmente nas instâncias competentes) e atos que revelam o cometimento de ilícitos penais. E de outra forma não pode ser, sob pena de se transferir para a esfera penal a resolução de questões que envolvam a ineficiência, a incompetência gerencial e a responsabilidade político-administrativa. Questões que se resolvem no âmbito das ações de improbidade administrativa, portanto.[39]

O dolo, vale lembrar apresenta os componentes intelectivo e volitivo, certo que o primeiro se traduz na consciência do fato e o segundo, corresponde à vontade de praticar a conduta e atingir o resultado. Em síntese, pode ser definido como o agir de forma livre e consciente com a finalidade de alcançar um resultado.

Trata-se de entendimento majoritário na Doutrina e Jurisprudência, em que pese entendimentos em sentido contrário. Tais posições minoritárias baseiam-se no fato de que o DOLO não foi exigido expressamente pelo artigo 37, §4°, CF/1998, não sendo essencial para toda e qualquer espécie de improbidade.

---

demissória a conduta ímproba dolosa e a culposa (art. 10 da Lei 8.429/92), como se fossem igualmente reprováveis, pois objetivamente não o são. 3. O ato ilegal só adquire os contornos de improbidade quando a conduta antijurídica fere os princípios constitucionais da Administração Pública coadjuvada pela má intenção do administrador, caracterizando a conduta dolosa; a aplicação das severas sanções previstas na Lei 8.429/92 é aceitável, e mesmo recomendável, para a punição do administrador desonesto (conduta dolosa) e não daquele que apenas foi inábil (conduta culposa). (AgRg no Agravo em Recurso Especial N. 21.662/SP; Superior Tribunal de Justiça; Primeira Turma; Relator Ministro Napoleão Nunes Maia Filho; Julgado em 07/02/2012)

39 AP 409; Supremo Tribunal Federal; Rel. Min. Ayres Britto; Julgado em 13/5/2010.

Todavia, como forma de mitigar tal entendimento, Marcelo Figueiredo assim elucida acerca do tema:

> Em síntese, imaginemos dada omissão culposa (involuntária, portanto) do agente público causadora de pequena lesão ao erário. Para a lei, há ato de improbidade administrativa, e *'tollitur quaestio'*. Será crível afirmar-se que tal agente terá seus direitos políticos cassados por força de lei, perderá a função pública, terá seus bens indisponíveis etc. etc. etc. Parece que a conclusão do raciocínio aponta para o absurdo, indício de erro no percurso exegético. Enfim, é preciso abrandar o rigor legal, ou, por outra, amolda-lo ao espírito constitucional.[40]

Deveras, tal entendimento coaduna-se com a própria natureza das sanções previstas na Lei de Improbidade Administrativa, eis que correspondem a sanções especialmente graves, que atingem o *status dignitatis* do acusado, pois afeta diretamente os seus direitos políticos, sem se olvidar que caso haja uma condenação, implicar-se-ia um clarividente juízo de imoralidade da conduta do agente, impondo-lhe a pecha de desonesto corrupto perante a sociedade.

A preocupação na aplicação da Lei encontra respaldo em diversos doutrinadores:

> O enquadramento na Lei de Improbidade exige culpa ou dolo por parte do sujeito ativo. Mesmo quando algum ato ilegal seja praticado, é preciso verificar se houve culpa ou dolo, se houve um mínimo de má-fé que revele realmente a presença de um comportamento desonesto. *A quantidade de leis, decretos, medidas provisórias, regulamentos, portarias torna praticamente impossível a aplicação do velho princípio de que todos conhecem a lei. Além disso, algumas normas admitem diferentes interpretações e são aplicadas por servidores públicos estranhos à área jurídica. Por isso mesmo, a aplicação da Lei de Improbidade exige bom-senso, pesquisa da intenção do agente, sob pena de encarregar-se inutilmente o Judiciário com questões irrelevantes, que podem ser adequadamente resolvidas na própria esfera administrativa. A própria severidade das sanções previstas na Constituição está a demonstrar que o objetivo foi o de punir infrações que tenham um mínimo de gravidade, por apresentarem consequências danosas para o patrimônio público (em sentido amplo), ou propiciarem benefícios indevidos para o agente ou para terceiros. A aplicação das medidas previs-*

---

40 FIGUEIREDO, Marcelo. *Probidade administrativa*: Comentários à lei 8.429/92 e legislação complementar. 6ª ed. São Paulo, Editora Malheiros, 2009, p. 96.

tas na lei exige observância do princípio da razoabilidade, sob o aspecto de proporcionalidade entre meios e fins.[41]

A ânsia desmesurada em punir o administrador público com uma pena exemplar é resultado da pressão da mídia ou da opinião pública, o que tem tornado a Lei de Improbidade Administrativa um perigoso instrumento de vingança, cuja incidência, com menoscabo a garantias individuais, produtos de uma árdua e longa conquista histórica, constitui grave retrocesso ao Estado Democrático de Direito.[42]

Justamente com base neste entendimento que assim dispôs Marçal Justen Filho:

> Não se admite infração de improbidade, subsumível ao art. 11, sem um elemento de dolo. A atuação culposa é insuficiente – o que, insista-se, não equivale a afirmar a regularidade dela. É perfeitamente possível, senão obrigatório, punir condutas irregulares ilícitas praticadas por agentes estatais. Mas isso não autoriza a impor sanção de improbidade para toda e qualquer conduta administrativa irregular. A tanto se opõe o princípio da proporcionalidade.[43]

Ademais, em que pese minoritária, há inclusive a posição no sentido de responsabilização de acordo com a gradação da culpa, certo que será observada somente em se tratando de culpa grave, e não mera simples culpa.

Neste diapasão, expõe Fábio Medina Osório:

> a culpa grave pode fundamentar a responsabilização de Parlamentares, Magistrados e membros do Ministério Público que, no desempenho de suas atribuições, causem, injustificadamente, por manifesto e desproporcional despreparo funcional, lesão ao erário, violando os princípios básicos que regem a Administração Pública, v.g., moralidade e ilegalidade.[44]

Contudo, este entendimento não se coaduna com o mais adequado, primeiro em razão da *ratio legis* de indigitada lei, quando se comparada com a gravidade das sanções, bem como pelo fato de que em ne-

---

41 DI PIETRO, Maria Sylvia Zanella. *Direito Administrativo*. 18. ed. São Paulo: Atlas, 2005; p. 727/728.

42 CAPEZ, Fernando. *Limites Constitucionais à Lei de Improbidade*. São Paulo: Saraiva, 2.010, p. 297.

43 JUSTEN FILHO, Marçal. *Curso de direito administrativo*. 2. ed. rev. E atual. São Paulo: Saraiva, 2006, p. 705.

44 OSÓRIO, Fábio Medina. *Improbidade Administrativa*: Observações sobre a Lei 8.429/92. 2ª ed. Porto Alegre, Editora Síntese, 1998, p. 111.

nhum momento o legislador faz a distinção das culpas para a aplicação das penalidades, caso em que vale a regra de que *Ubi lex non distinguit, nec nos distinguere debemus* (onde a lei não distingue, não é dado ao intérprete fazê-lo).

Por sua vez, mesmo para aqueles que admitem a culpa como elemento subjetivo, o entendimento majoritário posiciona-se no sentido de que somente no caso do artigo 10 da lei pode haver a punição a título CULPOSO. Neste jaez, a conduta culposa ocorre quando o agente não pretende atingir o resultado danoso, mas atua com negligência, imprudência ou imperícia.

Este o teor de alguns julgados do STJ:

> Embora mereçam acirradas críticas da doutrina, os atos de improbidade do art. 10, como está no próprio caput, são também punidos à título de culpa, mas deve estar presente na configuração do tipo a prova inequívoca do prejuízo ao erário.[45]

> As condutas típicas que configuram improbidade administrativa estão descritas nos arts. 9°, 10 e 11 da Lei 8.429/92, sendo que apenas para as do art. 10 a lei prevê a forma culposa. Considerando que, em atenção ao princípio da culpabilidade e ao da responsabilidade subjetiva, não se tolera responsabilização objetiva e nem, salvo quando houver lei expressa, a penalização por condutas meramente culposas, conclui-se que o silêncio da Lei tem o sentido eloquente de desqualificar as condutas culposas nos tipos previstos nos arts. 9.° e 11.[46]

> **A jurisprudência do STJ rechaça a responsabilidade objetiva na aplicação da Lei 8.429/1992, exigindo a presença de dolo nos casos dos arts. 9° e 11 – que coíbem o enriquecimento ilícito e o atentado aos princípios administrativos, respectivamente – e ao menos de culpa nos termos do art. 10, que censura os atos de improbidade por dano ao Erário.**[47]

Em suma, somente quando se tratar do artigo 10 de indigitada lei a possibilidade culposa adquire certo respaldo na jurisprudência e, mesmo assim, há diversas posições doutrinárias em contrário. Todavia, adotado

---

45 REsp 842428/ES; Superior Tribunal de Justiça; 2ª Turma; Relatora Ministra Eliana Calmon; Julgado em 24.04.2007.

46 REsp 751634 / MG; Superior Tribunal de Justiça; 1ª Turma; Relator Ministro Teori Albino Zavascki; Julgado em 26.06.2007.

47 Resp 41469; Superior Tribunal de Justiça; 2ª Turma; Relator Ministro; Julgado em 16.09.2010

tal posicionamento de possibilidade a título culposo, os graus de culpa podem ser considerados não somente em relação à existência ou não da infração, mas também devem ser avaliados com o escopo da verificação do grau de proporcionalidade/razoabilidade que deve existir entre ato e sanção, bem como para os fins de dosimetria da pena, com a finalidade de aplicação de uma pena justa ao caso concreto.

Portanto, somente em relação ao art. 10 da Lei de Improbidade os graus de culpam devem adquirir um contorno especial, com vistas à justiça da decisão na correlata dosimetria da pena.

Postas tais considerações, vale consignar que o ELEMENTO SUBJETIVO se perfaz essencial para a punição pelo crime de improbidade administrativa. Neste sentido, por diversas vezes, a Jurisprudência tem assentado o fato de que a mera irregularidade ou mesmo a inabilidade do Administrador não são suficientes para a configuração do ato de improbidade.

Isto posto, com espeque na doutrina e jurisprudência, a Lei de Improbidade não deve ser aplicada para punir meras irregularidades administrativas ou casos de inabilidade, pois esta tem o enfoque em casos mais graves, como o combate à corrupção e à grave desonestidade. Ou seja, em que pese o desrespeito ao princípio da eficiência, um postulado constitucional, o Administrador negligente e imprudente não deve se submeter às imposições da lei, se em seu âmago subjetivo não existir o *animus* da improbidade.

Isto porque, conforme ressaltado outrora, tal raciocínio também decorre da gravidade das sanções existentes em referida lei, pois não só pode ensejar a perda da função pública, mas também a suspensão dos direitos políticos, ou seja, penalidades de extrema gravidade para o agente político.

Exatamente com base neste entendimento, já fora assentado que na aplicação da Lei de Improbidade

> deve ser feita com cautela, evitando-se a imposição de sanções em face de erros toleráveis e meras irregularidades (REsp 1.245.622). No mesmo sentido, em outra oportunidade, fora assentado que "A Lei n. 8.429/92 visa à resguardar os princípios da administração pública sob o prisma do combate à corrupção, da imoralidade qualificada e da grave desonestidade funcional, não se coadunando com a punição de meras irregularidades administrativas ou transgressões

disciplinares, as quais possuem foro disciplinar adequado para processo e julgamento.[48]

Por fim, também vale a lição doutrinária no sentido de que:

> O objetivo da Lei de Improbidade é punir o administrador público desonesto, não o inábil. Ou, em outras palavras, para que se enquadre o agente público na Lei de Improbidade é necessário que haja o dolo, a culpa e o prejuízo ao ente público, caracterizado pela ação ou omissão do administrador público.[49]

Todavia, há quem defenda posição contrária:

> O desonesto é um desleal, *mas também o é o ineficiente*, caso haja medidas específicas de reprovação sobre suas condutas. (...) Veja-se que o legislador não quis estabelecer somente os deveres de imparcialidade ou honestidade. Esses deveres se encontram entrelaçados, mas *é certo que a lealdade institucional, além de abranger tais deveres públicos, também traduz a perspectiva de punição à intolerável ineficiência funcional, no marco do qual o improbus se revela desleal em face do setor público".* (Grifo nosso).[50]

Para sustentar a tese supra, ressaltam os autores a grave violação ao dever de eficiência administrativa, incluída no rol dos princípios do art. 37, *caput*, da Constituição da República, de modo que um comportamento que denote grave ineficiência funcional em muito supera a mera "desorganização" ou "falta de habilidade", especialmente quando se tratar de conduta perpetrada de forma *reiterada e contumaz*.

Neste mesmo sentido, inclusive, já decidiu o C. Superior Tribunal de Justiça:

> Diante das Leis de Improbidade e de Responsabilidade Fiscal, inexiste espaço para o administrador "desorganizado" e "despreparado", não se podendo conceber que um Prefeito assuma a administração de um Município sem a observância das mais comezinhas regras de direito público. Ainda que se cogite não tenha o réu agido com má-fé, os fatos

---

48 REsp 1.089.911/PE; Superior Tribunal de Justiça; 2ª Turma; Relator Ministro Castro Meira; Julgado em 17.11.2009.

49 MATTOS, Mauro Roberto Gomes de. *O Limite da Improbidade Administrativa*. 2ª edição, Editora América Jurídica, p. 7-8.

50 OSÓRIO, Fábio Medina. *Teoria da Improbidade Administrativa*. São Paulo, Editora Revista dos Tribunais, 2007, p. 144.

abstraídos configuram-se atos de improbidade e não meras irregularidades, por inobservância do princípio da legalidade.[51]

Todavia, em que pese o respeitável entendimento, trata-se de caso *sui generis*, uma exceção à regra, eis que eivado de características de uma "má gestão" realizada de forma *reiterada e contumaz*, certo que, como ressaltado inúmeras vezes pela doutrina e jurisprudência, o elemento subjetivo se perfaz essencial para a caracterização do ato de improbidade, de forma que a mera inabilidade ou má gestão não têm o condão de conduzir à punição citada.

Logo, para que reste configurado o ato de improbidade, de acordo com a doutrina e jurisprudência amplamente majoritárias, é necessária a punição a título de (DOLO), o que não pode ser confundido com mera ilegalidade, inabilidade ou "má gestão", mesmo porque essencial o requisito da má-fé para sua consecução. O elemento subjetivo a título culposo, em que pese a divergência acerca do assunto, adquire contornos importantes somente em se tratando da modalidade constante no art. 10 da Lei de Improbidade, quando há sua previsão expressa.

Entendimento em sentido contrário levaria à banalização de indigitada lei, mesmo porque falibilidade é humana e, caso haja a possibilidade de punição por mera "má gestão" ou "irregularidade", tal fato contribuiria para uma guerra política para encontrar "erros" na gestão alheia, comprometeria a governabilidade, segurança jurídica e estabilização institucional das diversas esferas políticas do entes federados e pior, prejudicaria o já abarrotado Poder Judiciário com diversos processos de cunho meramente político-persecutório. Decerto, essa não é a *ratio legis* da lei em comento.

---

51 REsp 708.170/MG; Superior Tribunal de Justiça; 2ª Turma; Relatora Ministra Eliana Calmon; Julgado em 06/12/2005.

5

CUMULATIVIDADE DAS PENAS NA LEI DE IMPROBIDADE E DOSIMETRIA DAS SANÇÕES

As penas por improbidade administrativa estão expressamente definidas no artigo 12 da Lei de Improbidade Administrativa: ressarcimento aos cofres públicos (se houver), perda da função pública, suspensão dos direitos políticos, pagamento de multa civil e proibição de contratar com o poder público ou receber benefícios e incentivos fiscais ou creditícios.

Adiante, no art. 12 da Lei 8.429/92, também constam outros critérios que devem ser observados no momento da aplicação da pena, caso em que deve ser abalizada por outros critérios adicionais tais como a extensão do dano causado ao erário e o proveito patrimonial que o agente obteve na sua conduta

Contudo, tais instrumentos e dispositivos em referida lei precisam ser usados com parcimônia, com respeito a outros direitos fundamentais, pois muitas vezes trazem como plano de fundo simplesmente uma disputa política, um caráter nitidamente eleitoral para "manchar" a imagem de outrem, de sorte que o princípio basilar da inocência precisa ser respeitado.

Ademais, não se pode descurar que na fixação da dosimetria da pena, os princípios da proporcionalidade e o da razoabilidade não podem ser olvidados com a finalidade de aplicação de uma penalidade não só legal, mas também JUSTA ao caso concreto.

O princípio da proporcionalidade pode ser definido como:

> Este princípio enuncia a ideia – singela, aliás, conquanto frequentemente desconsiderada – de que as competências administrativas só podem ser validamente exercidas na extensão e intensidade proporcionais ao que realmente seja demandado para cumprimento da finalidade de interesse público a que estão atreladas. Segue-se que os atos cujo conteúdo ultrapassem o necessário para alcançar o objetivo que justifique o uso da competência ficam maculados de ilegitimidade, porquanto desbordam

do âmbito da competência; ou seja, superam os limites que naquele caso lhes corresponderiam. Sobremodo quando a Administração restringe situação jurídica dos administrados além do que caberia, por imprimir às *medidas* tomadas uma intensidade ou extensão supérfluas, prescindendas, ressalta a ilegalidade de sua conduta. É que ninguém deve estar obrigado a suportar constrições em sua liberdade ou propriedade que não sejam indispensáveis à satisfação do interesse público. Logo, o plus, o excesso acaso existente, não milita em benefício de ninguém. Representa, portanto, apenas um agravo inútil aos direitos de cada qual. Percebe-se, então, que as medidas desproporcionais ao resultado legitimamente almejável são, desde logo, condutas ilógicas, incongruentes.[52]

Por sua vez, o princípio da razoabilidade, segundo a doutrina de Celso Antônio Bandeira de Mello expõe que:

> Enuncia-se com este princípio que a Administração, ao atuar no exercício de discrição, terá de obedecer a critérios aceitáveis do ponto de vista racional, em sintonia com o senso normal de pessoas equilibradas e respeitosa das finalidades que presidiram a outorga da competência exercida. Vale dizer: pretende-se colocar em claro que não serão apenas inconvenientes, mas também ilegítimas – e, portanto, jurisdicionalmente invalidáveis -, as condutas desarrazoadas e bizarras, incoerentes ou praticadas com desconsideração às situações e circunstâncias que seriam atendidas por quem tivesse atributos normais de prudência, sensatez e disposição de acatamento às finalidades da lei atributiva da discrição manejada.
>
> Com efeito, o fato de a lei conferir ao administrador certa liberdade (margem de discrição) significa que lhe deferiu o encargo de adotar, ante a diversidade de situações a serem enfrentadas, a providência mais adequada a cada qual delas. Não significa, como é evidente, que lhe haja outorgado o poder de agir ao sabor exclusivo de seu libido, de seus humores, paixões pessoais, excentricidades ou critérios personalíssimos, e muito menos significa, muito menos significa que liberou a Administração para manipular a regra de Direito de maneira a sacar dela efeitos não pretendidos nem assumidos pela lei aplicanda. Em outras palavras: ninguém poderia aceitar como critério exegético de uma lei que esta sufrague as providências insensatas que o administrador queira tomar;

---

52 MELLO, Celso Antônio Bandeira de. *Curso de Direito Administrativo*. 25ª Edição. São Paulo, Editora Malheiros, 2008, p. 108-112.

é dizer, que avalize previamente as condutas desarrazoadas, pois isto corresponderia irrogar dislates à própria regra de Direito.[53]

Pois bem, ambos os princípios necessariamente devem ser observados na dosimetria da penalidade de improbidade administrativa.

Com efeito, é certo que a *ratio essendi* de referida norma reside na proteção à probidade administrativa, com a proteção à *res publica* ou mesmo a princípios inerentes à Administração. Contudo, em razão do caráter gravoso de suas penalidades, que pode ensejar não só a perda da função pública, como também a suspensão dos direitos políticos, a persecução punitiva deve ser avalizada com parcimônia, ou seja, com a correlata concomitância entre o respeito ao princípio da legalidade e a aplicação de uma pena justa ao caso concreto, em plena consonância com os princípios da proporcionalidade e razoabilidade.

Há vasto acervo jurisprudencial com o entendimento supra:

> DIREITO ADMINISTRATIVO – AÇÃO CIVIL PÚBLICA – IMPROBIDADE ADMINISTRATIVA – SANÇÕES PREVISTAS PELA LEI Nº 8.429/92 – PRINCÍPIO DA PROPORCIONALIDADE – Configura-se obrigatória a observação do princípio da proporcionalidade para buscar o real sentido da aplicação de pena ao administrado mediante a extensão e intensidade do dano causado, sem ofensa legal. Este princípio tem por objetivo estabelecer um equilíbrio entre a potencialidade danosa do ato e a pena aplicável. Restaurada a satisfação do interese público como princípio primordial da Administração Pública, não se deve crucificar o infrator mediante penas tão severas com a simples justificativa de previsão legal. O atendimento ao interesse coletivo é condição indispensável para o uso das prerrogativas da Administração.[54]

---

53 MELLO, Celso Antônio Bandeira de. *Curso de Direito Administrativo*. 25ª Edição. São Paulo, Editora Malheiros, 2008, p. 108-112.

54 *Processo 000.210.301-8/00; Tribunal de Justiça de Minas Gerais; Relator Célio César Paduani; Julgado em 21.03.2002. Sobre o tema, ver*: ADMINISTRATIVO. IMPROBIDADE ADMINISTRATIVA. Presentes os requisitos legais que autorizam o reconhecimento da improbidade administrativa, cabe ao julgador determinar a sua reparação, não se lhe impondo, contudo, em face do princípio da razoabilidade e da proporcionalidade, a aplicação cumulativa das sanções previstas no art. 12 da Lei nº 8.429/92, que serão dosadas segundo a lesão havida. Decisão: Deram parcial provimento ao recurso do Ministério Público, negando-o ao do réu, confirmada, no mais, a sentença, em reexame necessário. Unânime." (*Processo 70000017525; Tribunal de Justiça do Rio Grande do Sul; 1 Câmara Especial Cível; Relator Roque Joaquim Volkweiss; Julgado em 13/08/2003*).

Neste jaez, outra discussão que se põe em análise reside no fato da cumulatividade das penas elencadas em referida lei, certo que a lei silenciou a respeito e a doutrina e jurisprudência divergem acerca do tema.

Uma primeira posição defende a necessidade de aplicação CUMULATIVA de todas as penalidades cominadas pela lei, sob um aspecto hermenêutico pautado exclusivamente sob o princípio da legalidade. Como defensores desta posição, pode ser citado WALLACE PAIVA MARTINS JUNIOR, com o raciocínio de que a lei não teria estabelecido esta faculdade ao magistrado quando da fixação da penalidade:

> As sanções são cumulativas justamente para censurar gravemente a improbidade administrativa, agindo nos mais diversos sentidos e direções de relacionamento do agente público com a Administração Pública e o particular que se aproveita do art. 3º. O campo discricionário do juiz está limitado ao prazo e à base de cálculo inerentes às sanções variáveis (pagamento de multa civil, suspensão dos direitos políticos e proibição de contratar com o Poder Público ou de receber incentivos e benefícios fiscais ou creditícios) previstas no art. 12, que têm dosimetria orientada pelos critérios da extensão do dano e do proveito patrimonial obtido, expressos no parágrafo único.[55]

Por outro lado, a doutrina e jurisprudência majoritárias suscitam o critério discricionário do Juiz na aplicação das penalidades, que podem ser exaradas cumulativa ou parcialmente, com a observância dos critérios postulados no art. 12 da Lei (Gravidade e a extensão do dano causado pelo agente público), com a dosimetria da pena pautada pelos princípios da proporcionalidade e razoabilidade, com a finalidade de aplicação de uma penalidade JUSTA ao caso concreto.

Tal corrente, ademais, defende a discricionariedade do magistrado em razão da gravidade das penalidades elencadas, pois não se mostra crível a aplicação da perda da função pública e suspensão dos direitos políticos aos casos em que a lesão seja ínfima.

Neste sentido, podem ser citados diversos autores:

> (...) é de se afastar a possibilidade da aplicação conjunta de penas em bloco, obrigatoriamente. É dizer, há margem de manobra para o juiz, de acordo com o caso concreto, aplicar as penas, dentre as cominadas, isolada ou cumulativamente. (...) Ainda aqui, mostra-se adequado o estudo a respeito do princípio da proporcionalidade, a fim de verificarmos

---

55 JUNIOR, Wallace Paiva Martins. *Probidade Administrativa*. São Paulo, Editora Saraiva, 2001, p. 263.

a relação de adequação entre a conduta do agente e sua penalização. É dizer, ante a ausência de dispositivo expresso que determine o abrandamento ou a escolha das penas qualitativa e quantitativamente aferidas, recorre-se ao princípio geral da razoabilidade, ínsito à jurisdição (acesso à justiça e seus corolários). Deve o Judiciário, chamado a aplicar a lei, analisar amplamente a conduta do agente público em face da lei e verificar qual das penas é mais 'adequada' em face do caso concreto. Não se trata de escolha arbitrária, porém legal.[56]

As sanções não reclamam sempre a aplicação conjunta, até para que se alcance a moderação pretendida, apta a escoimar do texto legal o seu vezo draconiano. Entretanto, para não desprestigiar o sistema jurídico, em se defrontando o julgador com enriquecimento ilícito – a mais torpe das espécies de improbidade administrativa -, deve sempre, tendo em vista o alto apreço teleológico pelo princípio normatizado, aplicar as sanções na sua totalidade.[57]

A amplitude das hipóteses infracionais, as diferenças de gravidade entre elas e as infinitas variações possíveis das condutas contempladas militam no sentido da possibilidade de aplicação a certos casos de apenas uma ou algumas dentre as sanções previstas. Cabe enfatizar que o parágrafo único do artigo 12 determina ao juiz que na fixação das penas leve em conta a extensão do dano causado e o proveito patrimonial obtido pelo agente, e só isso já basta para legitimar sanções bem mais brandas quando, por exemplo, inexista dano ou proveito pessoal no ato de improbidade.[58]

A jurisprudência, por sua vez, também é amplamente majoritária no sentido de ser facultado ao juiz a discricionariedade na aplicação cumulativa ou não das sanções, inclusive com várias decisões do E. Tribunal de Justiça do Estado de São Paulo e do Superior Tribunal de Justiça:

> Desse modo, estando o requerido incurso no tipo do art. 11 da Lei de Improbidade Administrativa, resta aferir a adequação das sanções que lhe foram impostas. Neste particular, como sabido, as sanções do

---

56 FIGUEIREDO, Marcelo. *Probidade Administrativa*. 4ª ed. São Paulo, Editora Malheiros, 2000, p. 114-115.

57 FREITAS, Juarez de Freitas. *Do princípio da probidade administrativa e de sua máxima efetivação*. RDA 204/65.

58 PRADO, Francisco Octavio de Almeida. *Improbidade Administrativa*. São Paulo, Editora Malheiros, 2001, p. 151.

art. 12 da Lei de Improbidade Administrativa *não são necessariamente cumulativas, devendo-se aquilatar a razoabilidade e proporcionalidade.*⁵⁹

As sanções do art. 12, da Lei n.° 8.429/92 não são necessariamente cumulativas, cabendo ao magistrado a sua dosimetria; aliás, como deixa claro o Parágrafo Único do mesmo dispositivo. 2. No campo sancionatório, a interpretação deve conduzir à dosimetria relacionada à exemplariedade e à correlação da sanção, critérios que compõem a razoabilidade da punição, sempre prestigiada pela jurisprudência do E. STJ. (Precedentes).⁶⁰

Havendo, na Lei 8.492/92 (Lei de Improbidade Administrativa), a previsão de sanções que podem ser aplicadas alternativa ou cumulativamente e em dosagens variadas, *é indispensável, sob pena de nulidade, que a sentença indique as razões para a aplicação de cada uma delas, levando em consideração o princípio da razoabilidade e tendo em conta «a extensão do dano causado assim como o proveito patrimonial obtido pelo agente* (art. 12, parágrafo único).⁶¹

Ademais, segundo a jurisprudência do STJ citada acima, elenca-se a necessidade de outro requisito para a cominação das penalidades, qual seja a indispensabilidade, sob pena de nulidade, a indicação das razões para a aplicação de cada uma das penas, levando em consideração os princípios da razoabilidade e proporcionalidade defendidos acima.

No mesmo diapasão, a gravidade das sanções, a dosimetria da pena ou mesmo a extensão do dano causado também pode ser aferida no seguinte aresto:

A exegese das regras insertas no art. 11 da Lei 8.429/92, considerada a gravidade das sanções e restrições impostas ao agente público, deve se realizada *cum granu salis*, máxime porque uma interpretação ampliativa poderá acoimar de ímprobas condutas meramente irregulares, suscetíveis de correção administrativa, posto ausente a má-fé do administrador público, preservada a moralidade administrativa e, a fortiori, ir além de que o legislador pretendeu.⁶²

---

59 Processo 0373839-73.2009; Tribunal de Justiça do Estado de São Paulo; 6ª Câmara de Direito Público; Relator Sidney Romano dos Reis.

60 REsp 505.068/PR; Superior Tribunal de Justiça; 1ª Turma; Relator Ministro Luiz Fux; DJE 29.09.03.

61 REsp 507.574/MG; Superior Tribunal de Justiça; 1ª Turma; Relator Ministro Teori Albino Zavascki; Julgado em 15.09.2005.

62 REsp 861.566/GO; Superior Tribunal de Justiça; 1ª Turma; Relator Ministro Luiz Fux; Julgado em 25.3.2008. Ver também:

Deveras, como forma de ratificar o exposto acima, não se configura justo, razoável ou mesmo proporcional a aplicação de penalidades máximas, tais como a perda da função pública/suspensão dos direitos políticos a casos em que não se causou efetivo prejuízo ao erário, ou mesmo não se revelou uma postura grave e ruinosa à atividade administrativa, de sorte que plenamente cabível ao magistrado fazer a adequação ao caso concreto.

Tal possibilidade pode ser verificada nos seguintes casos:

> Porém, como já salientado, a violação acima explicitada não causou prejuízo ao erário, bem como não revelou uma postura grave e ruinosa à atividade administrativa. Assim, clara a irregularidade na atividade administrativa, a qual impõe *apenas* a sanção de multa civil, no valor correspondente a R$ 10.000,00 (dez mil reais). (Processo 362.456.5/0-00; Tribunal de Justiça do Estado de São Paulo; 6ª Câmara de Direito Público; Relator Leme de Campos; Julgado em 28.11.2011)

> De fato, de acordo com o posicionamento deste julgador, as penalidades previstas pela Lei nº 8.429/92 *devem ser aplicadas de forma proporcional ao grau de improbidade do ato administrativo, entendimento este que prioriza a aplicação da correta individualização das penas.* (...) Desse modo, em casos como o presente, esta Colenda 6ª Câmara de Direito Público tem entendido como excessiva a condenação de ex-prefeito à suspensão dos direitos políticos, bem como a vedação de eventual e futura contratação com a administração, porquanto tais sanções somente se afiguram cabíveis quando houver realmente um vultoso dano ao erário decorrente de grave violação dos deveres ínsitos à atividade administrativa, o que não é a hipótese. Sendo assim, não há que se falar em aplicação em bloco das sanções previstas na lei, visto que as penalidades a serem impostas pelo juiz deverão ser condizentes com a conduta do agente ímprobo, ou seja, de acordo com o grau de ilegalidade/lesividade do ato.[63]

"O art. 12, parágrafo único, da Lei n.º 8.429/92, fundado no princípio da proporcionalidade, determina que a sanção por ato de improbidade seja fixada com base na "extensão do dano causado" bem como no "proveito patrimonial obtido pelo agente". No caso dos autos, o dano causado aos cofres municipais é de pequena monta, já que se trata de ação civil pública por ato de improbidade decorrente da acumulação indevida de cargo e emprego públicos. E, também, o acórdão recorrido reconheceu não haver "indícios de que o agente tenha obtido proveito patrimonial". (REsp 794.155/SP; Superior Tribunal de Justiça; 2ª Turma; Relator Ministro Castro Meiro; Julgado em 22.08.2006)

63 Processo 0001469- 12.2001.8.26.0337; Tribunal de Justiça do Estado de São Paulo; 6ª Câmara de Direito Público; Relator Leme de Campos; Julgado em 28.11.2011.

ADMINISTRATIVO – AGRAVO REGIMENTAL NO RECURSO ESPECIAL – IMPROBIDADE ADMINISTRATIVA – VIOLAÇÃO DO ART. 12, PARÁGRAFO ÚNICO, DA LEI N. 8.429/92 -NÃO-CONFIGURAÇÃO–SANÇÃO APLICADA COM RAZOABILIDADE – SUSPENSÃO DE DIREITOS POLÍTICOS NÃO É IMPOSITIVA. A sanção de suspensão de direitos políticos não é impositiva, podendo ela ser aplicada cumulativamente apenas em casos que se revele proporcional ao ato praticado. 2. *Sendo a suspensão sanção extrema para os atos administrativos, e não tendo sido configurado enriquecimento ilícito ou prejuízo ao erário, a sanção de multa aplicada não se mostra desarrazoada, nem incentivadora de prática de atos ímprobos.* Agravo regimental improvido.[64]

Outrossim, por diversas vezes, os Tribunais assentaram o fato de que a perda da função pública e a suspensão dos direitos políticos configuram um fato de gravidade exacerbada, caso em que somente devem ser aplicados a casos extremos, sempre atentos aos princípios da proporcionalidade e razoabilidade:

PROCESSUAL CIVIL. RECURSO ESPECIAL. ADMISSIBILIDADE. SÚMULA N.º 13/STJ. ADMINISTRATIVO. LEI DE IMPROBIDADE ADMINISTRATIVA. PRINCÍPIO DA PROPORCIONALIDADE. DISCRICIONARIEDADE DO JULGADOR NA APLICAÇÃO DAS PENALIDADES.13LEI DE IMPROBIDADE ADMINISTRATIVA1. (...) Consta que o projeto original do art. 37, caput, da Carta de 1988 previa, expressamente, o princípio da razoabilidade, tendo sido banido do texto final. Nem por isso, todavia, deve ser desconsiderado. Anote-se que há um princípio da razoabilidade das leis, princípio que tem sido acolhido na jurisprudência do Supremo Tribunal Federal, e na boa doutrina, condenando-se a discrepância entre o meio eleito pelo próprio legislador e o fim almejado . "A atribuição ao Judiciário do controle das leis mediante o juízo de valor da proporcionalidade e da razoabilidade da norma legal não pretende substituir a vontade do juiz. Antes, a este cabe pesquisar a fidelidade do ato legislativo aos efeitos essenciais da ordem jurídica, na busca da estabilidade entre o poder e a liberdade. Os Magistrados devem obediência ao princípio geral da razoabilidade de suas medidas e atos. Trata-se de um princípio com reflexos, portanto, processuais. Nenhuma medida judicial pode ser "desarrazoada", arbitrária, absurda (...) Ademais, a razoabilidade é um fundamental critério de apreciação da arbitrariedade legislativa, jurisdicional e administrativa, porque os tipos de condutas sancionadas devem atender a determinadas exigências

---

[64] REsp 1121647 /MG; Superior Tribunal de Justiça; 2ª Turma; Relator Ministro Humberto Martins; Julgado em 02.12.2009.

decorrentes da razoabilidade que se espera dos Poderes Públicos. (...) *Uma decisão condenatória dessarrazoada, por qualquer que seja o motivo, será nula de pleno direito, viciada em suas origens, seja fruto de órgãos judiciários, seja produto de deliberações administrativas ou mesmo legislativas, eis a importância de se compreender a presença do princípio da razoabilidade dentro da cláusula do devido processo legal* (in Fábio Medina Osório, in Direito Administrativo Sancionador, Ed. Revista dos Tribunais). 8. Consectariamente, independentemente do reexame de matéria fático-probatória, insindicável, em sede de recurso especial, pelo E. STJ, ante a incidência do verbete sumular n.º 07/STJ, revela-se evidente a excessividade das penas aplicadas aos recorrentes, com notória infração ao art. 12, parágrafo único, da Lei 8.429/92. 9. Forçoso concluir que, nos casos em que a lei não fixa critério a ser obedecido na infligão da sanção, é defeso ao STJ invadir a discricionariedade judicial prevista em lei. Outrossim, erigido em critério legal e desobedecido o mesmo em face de error in judicando, vislumbra-se inequívoca a violação legal que embasa a irresignação recursal.[65]

---

65 REsp 664856/PR; Superior Tribunal de Justiça; 1ª Turma; Relator Ministro Luiz Fux; Julgado em 02.05.2006. Ver, ainda:

"ADMINISTRATIVO – AÇÃO CIVIL PÚBLICA -IMPROBIDADE ADMINITRATIVA – ART. 12 DA LEI 8.429/1992 – PERDA DA FUNÇÃO PÚBLICA -ABRANGÊNCIA DA SANÇÃO -PARÂMETROS: EXTENSÃO DOS DANOS CAUSADOS E PROVEITO OBTIDO -SÚMULA 7/STJ – RETORNO DOS AUTOS À ORIGEM.(...) A sanção de perda da função pública visa a extirpar da Administração Pública aquele que exibiu inidoneidade (ou inabilitação) moral e desvio ético para o exercício da função pública, abrangendo qualquer atividade que o agente esteja exercendo ao tempo da condenação irrecorrível.4. A simples configuração do ato de improbidade administrativa não implica condenação automática da perda da função pública, pois a fixação das penas previstas no art. 12 da Lei 8.429/1992 deve considerar a extensão do dano e o proveito obtido pelo agente, conforme os parâmetros disciplinados no parágrafo único desse dispositivo legal. Precedente do STJ.128.429 5. É indispensável que se faça uma valoração da extensão dos danos causados, bem como do proveito obtido pelo agente, ao aplicar a sanção de perda da função pública. Análise obstaculizada, em recurso especial, em razão da Súmula 7/STJ.6. Recurso especial provido, para determinar o retorno dos autos à origem, para que se verifique a possibilidade de condenação do recorrido na perda da função pública." (REsp 924439/RJ; Superior Tribunal de Justiça; 2ª Turma; Relatora Ministra Eliana Calmon; Julgado em 06.08.2009). (grifo nosso). "ADMINISTRATIVO. IMPROBIDADE ADMINISTRATIVA. SUSPENSÃO DE DIREITOS POLÍTICOS. PRINCÍPIOS DA RAZOABILIDADE E DA PROPORCIONALIDADE. (...) 5. Não se pode olvidar

Em suma, a discricionariedade conferida ao Magistrado, para a aplicação da penalidade ao caso concreto, com as balizas da proporcionalidade e razoabilidade, têm por finalidade uma decisão JUSTA, especialmente em razão das gravidades das penas impostas na Lei de Improbidade Administrativa.

Não se mostra razoável, portanto, o engessamento do julgador, para a obrigatoriedade de aplicação de todas as penalidades constantes do dispositivo legal, em bloco, pois tal engessamento de sua atuação não se configura a *mens legis* exposta em indigitada lei.

Logo, a decisão jurisdicional que verse acerca de improbidade administrativa, DEVE ser LEGAL, sob o ponto de vista de adequação ao ordenamento jurídico, mas também deve ser JUSTA, do ponto de vista de subsunção ao caso concreto, caso em que precisa pautar-se por critérios de PROPORCIONALIDADE E RAZOABILIDADE na correlata dosimetria da pena, eis a difícil tarefa do magistrado ao se analisar o caso concreto.

---

que a suspensão dos direitos políticos é a mais drástica das sanções estipuladas pela Lei nº 8.429/92 e que sua aplicação importa impedir – ainda que de forma justificada e temporária – o exercício de um dos direitos fundamentais de maior magnitude em nossa ordem constitucional. A suspensão dos direitos políticos do administrador público pela utilização indevida do trabalho de servidores municipais em um total 31 (trinta e uma) horas não se coaduna com os princípios da proporcionalidade e da razoabilidade, os quais impõem o afastamento dessa sanção. 7. Recurso especial provido." (REsp 1055644/GO; Superior Tribunal de Justiça; 2ª Turma; Relator Ministro Castro Meira; Julgado em 21.05.2009). (grifo nosso).

6

A IMPRESCRITIBILIDADE DA AÇÃO DE RESSARCIMENTO AO ERÁRIO POR IMPROBIDADE ADMINISTRATIVA E O (QUASE) PARADIGMA DO RECURSO EXTRAORDINÁRIO 852.475

Outro tema de suma importância suscitado na Lei de Improbidade Administrativa concerne à imprescritibilidade na Ação de Improbidade Administrativa.

Ab initio, urge a necessidade de conceituação do conceito de prescrição para uma análise pormenorizada do tema em voga, não se podendo olvidar que se trata de um instituto visando à pacificação social e à segurança jurídica.

Neste jaez, postula Silvio Rodrigues:

> Mister que as relações jurídicas se consolidem no tempo. Há um interesse social em que a situação de fato que o tempo consagrou adquira juridicidade, para que sobre a comunidade não paire, indefinidamente, a ameaça de desequilíbrio representada pela demanda. Que esta seja proposta enquanto os contendores contam com elementos de defesa, pois é de interesse da ordem e da paz social liquidar o passado e evitar litígios sobre atos cujos títulos se perderam e cuja lembrança se foi.[66]

Este instituto tem por finalidade trazer segurança as relações jurídicas, que seriam comprometidas pela possibilidade de propositura de ações por prazos indeterminados, por isso mesmo estabelecida a regra de que "*Dormientibus non succurrit jus*" (O Direito não socorre aos que dormem).

Em síntese, trata-se de um instituto essencial com vistas à pacificação social e à segurança jurídica, plenamente aplicável à Lei de Improbidade Administrativa, ressalvada as peculiaridades que se verá a seguir.

---

66 RODRIGUES, Silvio. *Direito Civil-Parte Geral*. vol.1, 32ª ed., São Paulo, Editora Saraiva, 2002, p. 326.

No que pertine à Lei de Improbidade Administrativa, jurisprudência e doutrina majoritárias aduzem que esta se aplica somente em relação às sanções previstas na Lei de Improbidade Administrativa, de modo que as ações de ressarcimento ao erário por danos decorrentes de atos de improbidade administrativa são tidas por imprescritíveis, em razão de dispositivo expresso na Constituição Federal.

Neste sentido, vale consignar diversas posições do SUPERIOR TRIBUNAL DE JUSTIÇA no sentido de que as ações de ressarcimento ao erário por danos decorrentes de atos de improbidade administrativa são tidas por imprescritíveis.[67]

---

67 "PROCESSO CIVIL. RECURSO ESPECIAL. AÇÃO CIVIL PÚBLICA. IMPROBIDADE ADMINISTRATIVA. PEDIDO DE RESSARCIMENTO AO ERÁRIO. IMPRESCRITIBILIDADE. PRECEDENTES. AGRAVO REGIMENTAL A QUE SE NEGA PROVIMENTO." (REsp 0149897-8; Superior Tribunal de Justiça; 1ª Turma; Relator Ministro Teori Albino Zavascki; Julgado em 28/03/2011).

"ADMINISTRATIVO – AÇÃO DE IMPROBIDADE ADMINISTRATIVA – SANÇÕES APLICÁVEIS – RESSARCIMENTO DE DANO AO ERÁRIO PÚBLICO – PRESCRIÇÃO. 1. As punições dos agentes públicos, nestes abrangidos o servidor público e o particular, por cometimento de ato de improbidade administrativa estão sujeitas à prescrição quinquenal (art.23 da Lei n°. 8.429/92). 2. Diferentemente, a ação de ressarcimento dos prejuízos causados ao erário é imprescritível (art. 37, § 5°, da Constituição). 3. Recurso especial conhecido e provido" (REsp 1.067.561/AM; Superior Tribunal de Justiça; 2ª Turma; Relator Ministra Eliana Calmon; DJE 27.2.2009)

"PROCESSUAL CIVIL. AÇÃO CIVIL PÚBLICA. ATO DE IMPROBIDADE. AÇÃO PRESCRITA QUANTO AOS PEDIDOS CONDENATÓRIOS (ART. 23, II, DA LEI N.° 8.429/92). PROSSEGUIMENTO DA DEMANDA QUANTO AO PLEITO RESSARCITÓRIO.IMPRESCRITIBILIDADE.1. O ressarcimento do dano ao erário, posto imprescritível, deve ser tutelado quando veiculada referida pretensão na inicial da demanda, nos próprios autos da ação de improbidade administrativa ainda que considerado prescrito o pedido relativo às demais sanções previstas na Lei de Improbidade.2. O Ministério Público ostenta legitimidade ad causam para a propositura de ação civil pública objetivando o ressarcimento de danos ao erário, decorrentes de atos de improbidade, ainda que praticados antes da vigência da Constituição Federal de 1988, em razão das disposições encartadas na Lei 7.347/85. Precedentes do STJ: REsp 839650/MG, SEGUNDA TURMA, DJe 27/11/2008; REsp 226.912/MG, SEXTA TURMA,DJ 12/05/2003; REsp 886.524/SP, SEGUNDA TURMA, DJ 13/11/2007; REsp 151811/MG,SEGUNDA TURMA, DJ 12/02/2001.3. A aplicação das sanções previstas no art. 12 e incisos da Lei 8.429/92

Contudo, tal discussão se reacendeu nessas últimas semanas sobre o Recurso Extraordinário 852.475. Votos e reviravoltas, com pitadas de reconsiderações tomaram a cena na Suprema Corte brasileira no recurso extraordinário relatado pelo Ministro Alexandre de Moraes sobre possibilidade ou não de incidência da prescrição da pretensão de ressarcimento ao erário em face de agentes públicos por ato de improbidade administrativa.

A ressalva expressa das ações de ressarcimento ensejou a adesão ao entendimento de que as ações ajuizadas em decorrência de ato de improbidade administrativa são, *ab initio*, imprescritíveis no que diz respeito aos danos causados ao erário.

Logo, em que pese o princípio da prescritibilidade dos ilícitos administrativos, caracterizado pela incidência de prescrições administrativas ocasionadas pela inércia da Administração Pública, convencionou-se pela imprescritibilidade da ação de ressarcimento ao erário por eventuais danos causados por agentes públicos.

A doutrina igualmente manteve o caminho do reconhecimento da imprescritibilidade das ações de ressarcimento por atos de improbidade administrativa. Até então, poucas eram as discordâncias e também aqueles que criticavam o dispositivo constitucional do §5°, redação que aspirou evitar que o tempo impedisse o Poder Público de reivindicar a reparação de prejuízos causados por terceiros.

José Afonso da Silva tem aludido em muitos casos pelos Tribunais Superiores, *in verbis*:

> A prescritibilidade, como forma de perda da exigibilidade de direito, pela inércia de seu titular, é um princípio geral de direito. Não será, pois, de estranhar que ocorram prescrições administrativas sob vários aspectos, quer quanto às pretensões de interessados em face da Administração, quer quanto às desta em face de administrados. Assim, é especialmente em relação aos ilícitos administrativos.

---

se submetem ao prazo prescricional de 05 (cinco) anos, exceto a reparação do dano ao erário, em razão da imprescritibilidade da pretensão ressarcitória (art. 37, § 5°, da Constituição Federal de 1988). Precedentes do STJ: AgRg no REsp 1038103/SP, SEGUNDA TURMA, DJ de 04/05/2009; REsp 1067561/AM, SEGUNDA TURMA, DJ de 27/02/2009; REsp 801846/AM, PRIMEIRA TURMA, DJ de 12/02/2009; REsp 902.166/SP, SEGUNDA TURMA, DJ de 04/05/2009; e REsp 1107833/SP, SEGUNDA TURMA, DJ de 18/09/2009." (REsp 1.089.492/RO; Superior Tribunal de Justiça; 1ª Turma; Relator Ministro Luiz Fux; DJE 18.11.2010).

Se a Administração não toma providência à sua apuração e à responsabilização do agente, a sua inércia gera a perda de seu 'ius persequendi'. É o princípio que consta do art. 37, § 5º, que dispõe: 'A lei estabelecerá os prazos de prescrição para ilícitos praticados por qualquer agente, servidor ou não, que causem prejuízo ao erário, ressalvadas as respectivas ações de ressarcimento'. Vê-se, porém, que há uma ressalva ao princípio. Nem tudo se prescreverá. Apenas a apuração e punição do ilícito, não, porém, o direito da Administração ao ressarcimento, à indenização, do prejuízo causado ao erário. É uma ressalva constitucional e, pois, inafastável, **mas, por certo, destoante dos princípios jurídicos, que não socorrem quem fica inerte ('dormientibus non securritius')**.[68]

Contudo, em agosto de 2018, aportou no Supremo Tribunal Federal (STF) o Recurso Extraordinário 852.475, interposto pelo Ministério Público de São Paulo em ação judicial questionando o acórdão do Tribunal de Justiça de São Paulo (TJ-SP), que declarou a prescrição de ação civil pública movida contra a participação de um ex-prefeito de Palmares Paulista, um técnico em contabilidade e dois servidores públicos municipais em processos licitatórios de alienação de dois veículos em valores abaixo do preço de mercado.

Ocorre que, contrariamente à corrente doutrinária, no primeiro momento do julgamento do Recurso Extraordinário, o Plenário do Supremo Tribunal Federal (STF) se viu prestes a reconhecer a prescrição nas ações de ressarcimento de danos ao erário decorrentes de ato doloso de improbidade administrativa.

O julgamento teve início em 02.08.2018, com cinco ministros acompanhando o voto do relator, ministro Alexandre de Moraes, no sentido do desprovimento do recurso, entendendo aplicar-se ao caso o prazo de cinco anos de prescrição previsto na legislação de improbidade administrativa (Lei 8.429/1992).

Em seu voto, entendeu:

> A questão aqui transcende a discussão de prazos. Tem a ver com ampla defesa e, sobretudo, a absoluta comprovação que a Constituição exige para a condenação por improbidade administrativa. A sanção só pode ser imposta depois de comprovado o dolo ou a culpa.

Foi sugerida, destarte, pelo então Relator do caso, a seguinte tese para repercussão geral:

---

68 *Comentário Contextual à Constituição*. 3ª edição, editora Malheiros, São Paulo-SP, p. 348-349, grifo nosso.

A pretensão de ressarcimento ao erário em face de agentes públicos e terceiros, pela prática de improbidade administrativa, devidamente tipificado pela Lei 8.429/1992, prescreve juntamente com as demais sanções do artigo 12, nos termos do artigo 23, ambos da referida Lei, sendo que na hipótese em que a conduta também for tipificada como crime, os prazos prescricionais são os estabelecidos em lei penal.

Nesse diapasão, acompanhando o voto do relator, o Ministro Marco Aurélio votou pela PRESCRITIBILIDADE no prazo de cinco anos.

> Não me consta que o período de cinco anos seja insuficiente. Trata-se da preservação da coisa pública, mas não cabe incluir [na condenação] situação não prevista [em lei].

Nesse momento, a sessão do julgamento foi suspensa e com a sua retomada veio a *"virada no placar"*. Além da mudança do voto por outros ministros, houve o reajuste do voto pelo Ministro Luís Roberto Barroso, que inicialmente havia acompanhado o relator, passou, então, a se manifestar pelo provimento parcial do recurso, restringindo a imprescritibilidade às hipóteses de improbidade dolosa, ou seja, quando o ato de improbidade decorrer em enriquecimento ilícito, favorecimento ilícito de terceiros ou causar dano intencional à administração pública.

Ao final do julgamento, foi aprovada a tese proposta pelo ministro Edson Fachin, para fins de repercussão geral:

> São imprescritíveis as ações de ressarcimento ao erário fundadas na prática de ato doloso tipificado na Lei de Improbidade Administrativa.

Posicionaram-se a favor do prazo de cinco anos os Ministros Alexandre de Moraes, Dias Toffoli, Ricardo Lewandowski, Gilmar Mendes e Marco Aurélio, e votaram pela imprescritibilidade das ações os ministros Edson Fachin, Rosa Weber, Celso de Mello, Cármen Lúcia, Luiz Fux e Luís Roberto Barroso. Esta minoria da Corte entendeu que o marco temporal confere segurança jurídica à questão, sendo que a Constituição adotou como regra a prescritibilidade, uma vez que as exceções são expressas, como por exemplo, crimes de racismo e a ação de grupos armados, civis ou militares, contra a ordem constitucional e o Estado Democrático.

Ao prover parcialmente o recurso, o Supremo Tribunal Federal determinou que, com o afastamento da prescrição, retornassem os autos ao tribunal de origem para o exame do pedido de ressarcimento do erário com base nas condições fixadas.

É de salutar importância excerto da lição de Maria Sylvia Di Pietro, ao trazer o caso de Celso Antônio Bandeira de Mello, que, "na 28ª edição do seu Curso de direito administrativo (2011:1073), que expressamente declara estar aceitando o argumento apresentado por Emerson Gabardo em conferência proferida no Congresso Mineiro de Direito Administrativo, realizado em maio de 2009, no sentido de que, se adotada a imprescritibilidade, "**restaria consagrada a minimização ou eliminação prática do direito de defesa daquele a quem se houvesse increpado dano ao erário, pois ninguém guarda documentação que lhe seria necessária além de um prazo razoável, de regra não demasiadamente longo**".[69]

Indispensável se faz observar que o julgamento do Recurso Extraordinário 852.475 ocorreu pelo controle difuso de constitucionalidade, sendo que nessa modalidade de controle constitucional as decisões são *inter partes*, isto é, vinculam tão somente as partes que litigaram em juízo, não afetando a terceiros estranhos à lide julgada.

Deste modo, não se pode descartar a possibilidade de que futuramente o Supremo Tribunal Federal poderá REANALISAR, especialmente diante do resultado apertado no correlato julgamento, de modo que a matéria e chegar a um resultado diverso do caso em tela, pois quando o julgado opera controle difuso de constitucionalidade, a lei atacada não é afastada do ordenamento jurídico, mas permanece vigente, válida e eficaz, apenas não se aplica ao caso decidido, porquanto ante este é considerado inconstitucional.

Todavia, na visão deste autor, o que se põe em cheque é a questão de se estender, *ad perpetuam*, o prazo prescricional, certo ser este um entendimento totalmente contrário ao que dispõem as demais normas, regras e princípios da legislação pátria.

Deveras, este não é o melhor entendimento que se extrai do § 4º, art. 37 da Constituição da República, *in verbis*:

> § 5º – A lei estabelecerá os prazos de prescrição para ilícitos praticados por qualquer agente, servidor ou não, que causem prejuízos ao erário, **ressalvadas as respectivas ações de ressarcimento**. (Grifo nosso).

Conforme dito, a doutrina e a jurisprudência majoritária posiciona-se no sentido de que a imprescritibilidade calca-se basicamente no postulado acima, sem considerar diversos outros aspectos importantes ao tema em apreço.

---

69 DI PIETRO, Maria Sylvia Zanella. *Direito Administrativo*. 30. ed. São Paulo: GEN, 2016, p. 846.

Deveras, a Lei de Improbidade Administrativa, ao regular o tema atinente à prescrição, com o estabelecimento do prazo prescricional de cinco anos, o legislador não fez distinção entre as sanções por ele abrangidas.

Neste jaez, o artigo menciona que:

> Art. 23. As ações destinadas a levar a efeitos as sanções previstas nesta lei podem ser propostas:
>
> I – até cinco anos após o término do exercício de mandato, de cargo em comissão ou de função de confiança;
>
> II – dentro do prazo prescricional previsto em lei específica para faltas disciplinares puníveis com demissão a bem do serviço público, nos casos de exercício de cargo efetivo ou emprego.

Neste sentido, em que pese justificado o entendimento com espeque na proteção ao erário público, eis que pertence à coletividade, esta proteção há de ser sopesada com outros princípios gerais do direito, tais como a segurança jurídica ou mesmo o princípio da isonomia. Logo, a imprescritibilidade a tais casos teria o condão de difundir a INSEGURANÇA JURÍDICA nas relações sociais.

Decerto, a tese da imprescritibilidade no caso de ressarcimento em se tratando de Improbidade Administrativa, em que pese a louvável intenção de proteção ao erário, concomitantemente ofende o princípio da SEGURANÇA JURÍDICA, certo que segundo os dizeres de Canotilho, **"o homem necessita de segurança para conduzir, planificar e conformar autônoma e responsavelmente a sua vida. Por isso, desde cedo se consideram os princípios da segurança jurídica e da proteção da confiança como elementos constitutivos do Estado de Direito"** .[70]

Ademais, também haveria clara afronta ao princípio da isonomia que exsurge no artigo 5º da Constituição Federal Brasileira, pois se verifica que se trata de critério desproporcional não extensível aos demais particulares, mas somente a agentes públicos.

Justamente neste contexto, seguem as ponderações de Manoel Gonçalves Ferreira filho:

> O Princípio da Igualdade não proíbe de modo absoluto as diferenciações de tratamento. Veda apenas aquelas diferenciações arbitrárias. Assim o Princípio da Igualdade no fundo comanda que só se fa-

---

[70] CANOTILHO, Joaquim José Gomes. *Direito constitucional e teoria da constituição.* 7. ed. Portugal: Almedina, Editora Coimbra, 1997, p. 257.

çam distinções com critérios e objetivos e racionais adequados ao fim visado pela diferenciação.[71]

No caso em exame, portanto, há clarividente e desproporcional violação de ambos os princípios em voga, com o pressuposto de proteção ao erário.

A interpretação de que tais ações são imprescritíveis, por meio de um método MERAMENTE LITERAL do dispositivo, contudo, não prospera com uma análise LÓGICO-SISTEMÁTICA de toda a Carta Magna, quando em diversos casos alude acerca do tema.

Com efeito, cediço que a regra em todo o ordenamento jurídico é a existência da PRESCRIÇÃO, a exceção deve ser prevista de forma EXPRESSA, tais como ocorrem nos seguintes casos, previstos no art. 5º da Constituição Federal:

> XLII – a prática do racismo constitui crime inafiançável e imprescritível, sujeito à pena de reclusão, nos termos da lei. (Grifo nosso).
>
> XLIV – constitui crime inafiançável e imprescritível a ação de grupos armados, civis ou militares, contra a ordem constitucional e o Estado Democrático. (Grifo nosso).

Isto posto, no caso de ressarcimento previsto em casos de improbidade administrativa há a mesma disposição? A resposta será negativa, de modo que não conta de forma expressa ser o caso de imprescritibilidade, o mesmo se diga expressamente na Lei de Improbidade Administrativa. Muito pelo Contrário, pois a Lei de Improbidade Administrativa, EXPRESSAMENTE, aduz os prazos de prescrição previstos para sua aplicação.

Todavia, quando o texto constitucional expõe que a **"A lei estabelecerá os prazos de prescrição para ilícitos praticados por qualquer agente, servidor ou não, que causem prejuízos ao erário, ressalvadas as respectivas ações de ressarcimento"**, a hermenêutica correta ao caso em voga pode ser evocada no sentido de que simplesmente uma lei infraconstitucional não pode alterar e dispor acerca de prazos prescricionais a tais fatos, de modo que somente a Constituição Federal têm competência para tanto. A solução para o caso, então, seria a proposição de emendas constitucionais para estabelecer tais hipóteses e regrar o tema em voga.

A interpretação de que tais prazos aplicam-se a TODAS as penalidades com exceção do ressarcimento ao erário é por demais simplista, mesmo

---

71 FILHO, Manoel Gonçalves Ferreira. *Curso de Direito Constitucional*. São Paulo, Editora Saraiva, 2001, p. 277.

porque em nenhum momento tal distinção é feita pela Lei de Improbidade Administrativa.

Outrossim, em que pese a finalidade de defesa ao erário, não se coaduna consentâneo com os princípios da proporcionalidade e razoabilidade a adoção da tese da imprescritibilidade, mesmo porque afronta, como ressaltado alhures, os princípios da isonomia e segurança jurídica, certo que não se faz crível em nosso "Estado Democrático de Direito" a existência de prerrogativas totalmente desiguais e autoritárias, cujo efeito poderia ser mais deletério pela instabilidade social em relação à proteção do patrimônio.

A *ratio* do dispositivo constitucional fora somente excluir da legislação infraconstitucional a regulamentação de prazos de ressarcimento ao erário, mas não introduzir mais um caso de imprescritibilidade de forma implícita. E tal disposição dúbia, infelizmente, conduz à interpretação equivocada de que haveria mais um caso de imprescritibilidade no caso de ações de ressarcimento ao erário.

Neste mesmo diapasão, também há a doutrina de Fábio Medina Osório:

> é caso de questionar essa ideia, pois a quebra e a violação da segurança jurídica não é um bom caminho de combate às práticas nefastas ao patrimônio público. Entendo que um amplo e larguíssimo prazo prescricional deveria ser criado para às hipóteses de lesão ao erário, mas não se poderia aceitar a total imprescritibilidade, ao menos do ponto de vista ideológico.[72]

Por derradeiro, no tema em apreço, valiosa é a lição da doutrina de Konrad Hesse, no sentido de que "Constituição real" e a "Constituição jurídica" devem estar numa relação de coordenação, pois caso a Constituição contrarie as leis culturais e sociais, os costumes e história de um povo, ou seja, contrarie a realidade social, estará fadada ao insucesso.

Neste sentido, a norma constitucional não tem existência despida da realidade, dos fatores históricos, políticos e sociais, e, neste ínterim, se perfaz necessário implementar a denominada vontade de constituição (*Willezurverfassung*), eis que esta contém uma força normativa que estimula e coordena as relações entre os cidadãos e o Estado, e dentre eles, de forma que contrapõe os ensinamentos de Ferdinand Lassale quando afirma que o Direito Constitucional teria apenas a função de justificar as relações de poder dominantes, de forma que seria simplesmente uma "folha de papel".

---

72 OSÓRIO, Fábio Medina. *Direito Administrativo Sancionador*. São Paulo, Editora Revista dos Tribunais, 2000, p. 101.

Em suma, ao transpor a controvérsia supra com a aplicabilidade ao tema em questão, vale a ressalva de não se pode desrespeitar a realidade histórica jurídica de que as ações condenatórias prescrevem, pois esta a regra em todo o ordenamento e, caso haja necessidade de disposição em contrário, esta deve ser estabelecida de forma expressa.

Logo, os prazos prescricionais têm por escopo a paz social e da segurança jurídica, valores que não podem ser suplantados por interesses de cunho patrimonial, ainda que este represente a *res publica*, mesmo porque até mesmo a tutela um dos bens mais preciosos e fundamentais de qualquer pessoa, qual seja a vida, também está sujeita a prazos prescricionais na medida em que a pena de homicídio prescreve em 20 anos. Tal evidencia a importância do instituto no ordenamento jurídico.

Isto porque a prescrição é um fenômeno inerente à própria existência e validade do direito, com o resguardo da segurança jurídica e da pacificação social, certo que, como esposado alhures, caso optasse por sua imprescritibilidade, esta deverá constar de modo EXPRESSO na Constituição, como os casos citados, e no caso da lei de improbidade, o que consta de forma expressa é justamente a plena aplicabilidade da prescrição, em momento com ressalva quanto ao tipo de sanção dela decorrente.

REFERÊNCIAS

https://www.jota.info/wp-content/uploads/2018/08/43077aee1e49e8dec751f66d885e2410.pdf

https://www.conjur.com.br/2018-ago-08/dever-ressarcir-erario-nao-prescreve-decide-supremo?utm_source=dlvr.it&utm_medium=facebook

https://www.jota.info/stf/do-supremo/maioria-do-stf-vota-por-prazo-para-ressarcimento-dos-cofres-publicos-por-improbidade-02082018

http://www.stf.jus.br/portal/jurisprudenciaRepercussao/verAndamentoProcesso.asp?incidente=4670950

7

DANO PRESUMIDO – IMPOSSIBILIDADE DE PUNIÇÃO NOS CASOS DO ART. 10 DA LEI DE IMPROBIDADE

Outro ponto objeto de discussões na doutrina e jurisprudência concerne à necessidade de constatação de dano efetivo nos casos do art. 10 da Lei de Improbidade. Decerto, o artigo 10[73] da Lei de Improbidade Administrativa elenca casos de improbidade que *importem em lesão ao erário*.

---

73 Art. 10. Constitui ato de improbidade administrativa que causa lesão ao erário qualquer ação ou omissão, dolosa ou culposa, que enseje perda patrimonial, desvio, apropriação, malbaratamento ou dilapidação dos bens ou haveres das entidades referidas no art. 1º desta lei, e notadamente:

I – facilitar ou concorrer por qualquer forma para a incorporação ao patrimônio particular, de pessoa física ou jurídica, de bens, rendas, verbas ou valores integrantes do acervo patrimonial das entidades mencionadas no art. 1º desta lei;

II – permitir ou concorrer para que pessoa física ou jurídica privada utilize bens, rendas, verbas ou valores integrantes do acervo patrimonial das entidades mencionadas no art. 1º desta lei, sem a observância das formalidades legais ou regulamentares aplicáveis à espécie;

III – doar à pessoa física ou jurídica bem como ao ente despersonalizado, ainda que de fins educativos ou assistências, bens, rendas, verbas ou valores do patrimônio de qualquer das entidades mencionadas no art. 1º desta lei, sem observância das formalidades legais e regulamentares aplicáveis à espécie;

IV – permitir ou facilitar a alienação, permuta ou locação de bem integrante do patrimônio de qualquer das entidades referidas no art. 1º desta lei, ou ainda a prestação de serviço por parte delas, por preço inferior ao de mercado;

V – permitir ou facilitar a aquisição, permuta ou locação de bem ou serviço por preço superior ao de mercado;

VI – realizar operação financeira sem observância das normas legais e regulamentares ou aceitar garantia insuficiente ou inidônea;

VII – conceder benefício administrativo ou fiscal sem a observância das formalidades legais ou regulamentares aplicáveis à espécie;

Indaga-se, portanto, se seria necessário o efetivo dano para a subsunção ao artigo 10 de indigitada Lei, mesmo porque o artigo em comento cita o ato de improbidade "que causa lesão ao erário".

Contudo, faz-se necessário a análise conjunta com o que dispõe o artigo 21[74] da Lei de Improbidade.

Logo, ante as disposições exaradas, num primeiro momento parece haver certa divergência acerca da necessidade de efetivo dano nos casos elencados no artigo 10 de indigitada Lei.

Exatamente consoante este raciocínio, já houvera posicionamento da doutrina:

> Qualquer ação ou omissão, dolosa ou culposa, pode acarretar lesão ao patrimônio público. Portanto, as figuras arroladas no caput e nos incisos do artigo 10 têm caráter meramente exemplificativo e não exaurem os comportamentos danosos ao patrimônio público configuradores de improbidade administrativa. Trata-se de tipo aberto. Neste particular,

---

VIII – frustrar a licitude de processo licitatório ou dispensá-lo indevidamente;

IX – ordenar ou permitir a realização de despesas não autorizadas em lei ou regulamento;

X – agir negligentemente na arrecadação de tributo ou renda, bem como no que diz respeito à conservação do patrimônio público;

XI – liberar verba pública sem a estrita observância das normas pertinentes ou influir de qualquer forma para a sua aplicação irregular;

XII – permitir, facilitar ou concorrer para que terceiro se enriqueça ilicitamente;

XIII – permitir que se utilize, em obra ou serviço particular, veículos, máquinas, equipamentos ou material de qualquer natureza, de propriedade ou à disposição de qualquer das entidades mencionadas no art. 1º desta lei, bem como o trabalho de servidor público, empregados ou terceiros contratados por essas entidades.

XIV – celebrar contrato ou outro instrumento que tenha por objeto a prestação de serviços públicos por meio da gestão associada sem observar as formalidades previstas na lei;

XV – celebrar contrato de rateio de consórcio público sem suficiente e prévia dotação orçamentária, ou sem observar as formalidades previstas na lei.

74 "Art. 21. A aplicação das sanções previstas nesta lei independe:

I – da efetiva ocorrência de dano ao patrimônio público, salvo quanto à pena de ressarcimento; (Grifo nosso)

II – da aprovação ou rejeição das contas pelo órgão de controle interno ou pelo Tribunal ou Conselho de Contas."

é de se louvar o legislador, pois a criatividade dos corruptos e fraudadores é algo admirável. Sobretudo em país como o nosso, onde a lastimável Lei de Gerson ainda encontra multidões de seguidores, onde a 'barganha política', o 'toma lá, dá cá', o 'uma mão lava a outra', o 'é dando que se recebe', o 'rouba mas faz', figuram como princípios aplaudidos e observados religiosamente por muitos. *Importa ressaltar que, uma vez comprovada a ocorrência de alguma das condutas arroladas no caput ou nos incisos do art. 10, não será necessário demonstrar a ocorrência de dano efetivo ao patrimônio público, eis que, diante da só realização daquelas condutas, a lei já presume a existência de dano.*[75]

Todavia, *in casu*, a melhor interpretação para o deslinde da questão não pode ser aquela meramente a literal nos moldes do art. 21 da Lei de Improbidade, somente com base no artigo *sub examine*, mas comporta uma hermenêutica sistemática em cotejo com o que dispõe o próprio artigo 10 da Lei de Improbidade, eis que este expressa a necessidade de efetiva LESÃO ao erário como *conditio sine qua non* para a punibilidade do agente improbo.

Com efeito, ainda que se opte por metodologia meramente literal do artigo 21 da Lei de improbidade, a solução será a mesma ao tema em apreço, ou seja, a necessidade de efetivo dano para a configuração do ato de improbidade.

Logo, trata-se de consequência lógica do que dispõe o próprio artigo da Lei de Improbidade, pois afirma que: "Constitui ato de improbidade administrativa *que causa lesão ao erário* qualquer ação ou omissão, dolosa ou culposa, que enseje perda patrimonial, desvio, apropriação, malbaratamento ou dilapidação dos bens ou haveres das entidades referidas no art. 1º desta lei, e notadamente."

Neste diapasão são os ensinamentos de Emerson Garcia:

> Observa-se, no entanto, que o disposto no art. 21, I, deve ser interpretado em harmonia com os demais preceitos da Lei de Improbidade, em especial o art. 10, já que para a subsunção de determinada conduta às figuras previstas neste dispositivo é imprescindível a ocorrência de dano ao patrimônio público, o que, por evidente, não poderia ser dispensado por aquele.[76]

---

75 GOMES, José Jairo. Apontamentos sobre a *Improbidade Administrativa*. In: SAMPAIO, José Adércio Leite et all.. Improbidade Administrativa: 10 anos da Lei 8.429/92. Belo Horizonte, Editora Del Rey, 2002, p. 268-269.

76 GARCIA, Emerson; ALVES, Rogério Pacheco. *Improbidade Administrativa*. 4ª edição, Rio de Janeiro, Editora Lumen Juris, 2002, p. 264.

Maria Sylvia Zanella Di Pietro, ao debater o ponto em análise, pondera que:

> A hipótese prevista no inciso I do artigo 21, que dispensa a ocorrência de dano para aplicação das sanções da lei, merece meditação mais cautelosa. Seria inconcebível punir-se uma pessoa se de seu ato não resultasse qualquer tipo de dano. Tem-se que entender que o dispositivo, ao dispensar o 'dano ao patrimônio público' utilizou a expressão patrimônio público em seu sentido restrito de patrimônio econômico. Note-se que a lei de ação popular (Lei nº 4717/65) define patrimônio público como 'os bens e direitos de valor econômico, artístico, estético, histórico ou turístico' (art. 1º, § 1º), para deixar claro que, por meio dessa ação, é possível proteger o patrimônio público nesse sentido mais amplo. O mesmo ocorre, evidentemente, com a ação de improbidade administrativa, que protege o patrimônio público nesse mesmo sentido amplo.[77]

Nestes termos, por diversas vezes os Tribunais já se manifestaram pela necessidade de efetiva lesão ao erário:

> AÇÃO CIVIL PÚBLICA IMPROBIDADE ADMINISTRATIVA AÇÃO EM QUE SE BUSCA O RESSARCIMENTO AO ERÁRIO. Caráter imprescritível da ação reconhecido CF, art. 37, § 5º. A ação de dano ao erário não se submete a qualquer prazo prescricional, sendo, portanto, imprescritível. *Ocorrência de prejuízo não verificada. Ressarcimento de dano presumido. Inadmissibilidade. Lesão ao erário, como requisito elementar do ato de improbidade administrativo previsto no art. 10 da Lei 8.429/92, não pode ser meramente presumida.* STJ, precedentes Sentença de improcedência mantida Recurso improvido.[78]

---

77 DI PIETRO, Maria Sylvia Zanella. *Direito Administrativo*. 13ª ed., São Paulo, Editora Atlas, p. 674.

78 Processo 9041204-76.1997.8.26.0000; Tribunal de Justiça do Estado de São Paulo; 5ª Câmara de Direito Público; Relator Xavier de Aquino; DJE 05/07/2011. Ver, também:
"ADMINISTRATIVO. AÇÃO DE IMPROBIDADE. PROCEDIMENTO LICITATÓRIO. LEI Nº 8.666/93. IRREGULARIDADES. CONCLUSÃO DO TCU. INDEPENDÊNCIA ENTRE AS INSTÂNCIAS ADMINISTRATIVAS E JUDICIAIS. SENTENÇA CONFIRMADA.8.666 1. É *conditio sine qua non* para caracterizar ato de improbidade que causa lesão ao erário, a ilegalidade da conduta funcional do agente e a ocorrência de efetivo dano material aos cofres públicos. 2. Não configuram atos de improbidade administrativa que atentam contra os princípios da Administração Pública os atos administrativos ilegais que não se revestem de inequívoca gravidade, que não ostentam indícios de desonestidade ou má-fé,

Outrossim, há vasta jurisprudência do STJ, consoante os julgados abaixo:

ADMINISTRATIVO – ATO DE IMPROBIDADE – CONFIGURAÇÃO. 1. Esta Corte, em precedente da Primeira Seção, considerou ser indispensável a prova de existência de dano ao patrimônio público para que se tenha configurado o fato de improbidade, inadmitindo o dano presumido. Ressalvado entendimento da relatora. 2. Após divergências, também firmou a Corte que é imprescindível, na avaliação do ato de improbidade, a prova do elemento subjetivo. 3. Recurso por especial conhecido em parte e, nessa parte, improvido.[79]

---

que constituem simples irregularidades anuláveis (e não atos nulos de pleno direito), que decorrem da inabilitação ou despreparo escusável do agente público. 3. Sem deixar de ressaltar a independência entre as instâncias administrativas e judiciais, o apelante não logrou demonstrar a ocorrência de dano efetivo ao erário, sabido que o dano presumido ou mesmo o dano moral não são aptos para caracterizá-lo. 4. Apelo improvido. Sentença confirmada." (Tribunal Regional Federal da Primeira Região; Processo 2001.40.00.005555-1; Quarta Turma; Relator Desembargador Federal Hilton Queiroz; Julgado em 13/06/2006).

79 Superior Tribunal de Justiça; REsp 621415 MG 2003/0211229-2; Relatora Ministra ELIANA CALMON; Segunda Turma; Julgado em 16/02/2006.

Sobre o assunto, ver:

ADMINISTRATIVO E PROCESSUAL CIVIL. AGRAVO REGIMENTAL NO RECURSO ESPECIAL. IMPROBIDADE ADMINISTRATIVA. LEI N. 8.429/92. PRETENSÃO DEQUE A CORTE DE ORIGEM REJULGUE OS FATOS ENQUADRADOS NO ART. 11 DALEI DE IMPROBIDADE ADMINISTRATIVA, AO FUNDAMENTO DE QUE OREJULGAMENTO DO QUE PERTINE AO ART. 10 DA REFERIDA LEI FORÇA NOVAANÁLISE DE TODOS OS FATOS. IMPOSSIBILIDADE. SÚMULA N. 7 DO STJ.8.4291071. A configuração dos atos de improbidade administrativa previstos no art. 10 da Lei de Improbidade Administrativa (atos de Improbidade Administrativa que causam prejuízo ao erário), à luz da atual jurisprudência do STJ, exige a presença do efetivo dano ao erário (critério objetivo), o mesmo não ocorrendo com o tipo previsto no art. 11 da mesma lei (atos de Improbidade Administrativa que atentam contra os princípios da Administração Pública), que se prende ao volitivo do agente (critério subjetivo)." (Grifo nosso). (REsp 2010/0017146-5/PR; Superior Tribunal de Justiça; Primeira Turma; Relator Ministro Benedito Gonçalves; Julgado em 16/08/2011).

ADMINISTRATIVO. RECURSO ESPECIAL. IMPROBIDADE ADMINISTRATIVA. OS AGENTES POLÍTICOS PODEM SER PROCESSADOS POR SEUS ATOS PELA LEI 8.429/92. ENTENDIMENTO FIRMADO PELA CORTE ESPECIAL/ STJ (RCL 2.790/SC, REL. MIN. TEORI ALBINO ZAVASCKI, DJE 4.3.2010).

RESSALVA DO PONTO DE VISTA DO RELATOR. ATO DE IMPROBIDADE ADMINISTRATIVA. AUSÊNCIA DE PROCEDIMENTO PRÉVIO PARA A APROVAÇÃO DO TERMO DE DISPENSA DE LICITAÇÃO. ART. 10, VIII DA LEI 8.429/92. INDISPENSABILIDADE DE COMPROVAÇÃO DO EFETIVO PREJUÍZO AO ERÁRIO E DO DOLO DO AGENTE. PREVISÃO DE RESPONSABILIZAÇÃO DO SERVIDOR POR CONDUTA CULPOSA. IRRAZOABILIDADE. AGRAVO REGIMENTAL DESPROVIDO. (...) 3. As Turmas que compõem a Primeira Seção desta Corte já firmaram a orientação de que a configuração dos atos de improbidade administrativa previstos no art. 10 da Lei de Improbidade Administrativa exige a presença do efetivo dano ao erário. (Grifo nosso). (AgRg no REsp n. 1.199.582; Superior Tribunal de Justiça; Relator Ministro Napoleão Nunes Maia Filho; Julgado em 15.12.2011)

PROCESSUAL CIVIL. ADMINISTRATIVO. RECURSO ESPECIAL. IMPROBIDADE ADMINISTRATIVA (ARTS. 10, IV, E 21, I E II, DA LEI 8.429/92). LESÃO AO ERÁRIO. INEXISTÊNCIA. REQUISITO ESSENCIAL PARA A CONFIGURAÇÃO DA CONDUTA PREVISTA NO REFERIDO PRECEITO. PAGAMENTO INTEGRAL DO EMPRÉSTIMO BANCÁRIO RECONHECIDO PELO TCU. ORIENTAÇÃO DOUTRINÁRIA. RECURSO ESPECIAL DESPROVIDO. (...) 5. PRIMEIRO, PORQUE O ATO DE IMPROBIDADE PREVISTO NO ART. 10 DA LIA EXIGE PARA A SUA CONFIGURAÇÃO, NECESSARIAMENTE, O EFETIVO PREJUÍZO AO ERÁRIO, SOB PENA DA NÃO-TIPIFICAÇÃO DO ATO IMPUGNADO. HAVERIA, PORTANTO, UMA EXCEÇÃO À HIPÓTESE PREVISTA NO INCISO I DO ART. 21, O QUAL SOMENTE DEVE SER APLICADO NOS CASOS DE IMPROBIDADE ADMINISTRATIVA DESCRITOS NOS ARTS. 9º E 11 DA LEI 8.429/92. 6. Segundo, porque a improcedência da ação de improbidade administrativa não decorreu de eventual subordinação à aprovação de contas do Tribunal de Contas da União. Efetivamente, o controle exercido pelo Tribunal de Contas, ainda que nos termos do art. 71, II, da Constituição Federal, não é jurisdicional, inexistindo vinculação da decisão proferida pelo órgão administrativo com a possibilidade de o ato ser impugnado em sede de improbidade administrativa, sujeito ao controle do Judiciário, conforme expressa previsão contida no inciso II do art. 21. Entretanto, tal consideração não corresponde à hipótese dos autos, pois a conclusão da improcedência da ação de improbidade administrativa por atipicidade da conduta não decorreu simplesmente da aprovação das contas relacionadas ao empréstimo bancário formulado pelos ora recorridos, mas em função da inexistência de lesividade, requisito indispensável para a configuração do ato de improbidade previsto no art. 10 da Lei 8.429/92. (REsp 285305/DF, Rel. Ministra DENISE ARRUDA, PRIMEIRA TURMA, julgado em 20/11/2007, DJ 13/12/2007 p. 323)

ADMINISTRATIVO – ATO DE IMPROBIDADE – CONFIGURAÇÃO. 1. Esta Corte, em precedente da Primeira Seção, considerou ser indispensá-

Portanto, postas tais considerações, pode-se afirmar que a doutrina e jurisprudência majoritárias são no sentido de que a conduta posta no art. 10 da Lei de Improbidade exige a presença do EFETIVO DANO AO ERÁRIO.

Com efeito, sem a prova do ato ilícito que causou lesão ao erário não há nexo de causalidade para a caracterização do enriquecimento ilícito do agente público, de modo que descumprida o disposto expresso no artigo 10 da lei em comento.

Consequentemente, se não houver o dano, inexiste a pretensão de ressarcimento ao erário, de forma que não há que se falar em enriquecimento ilícito do agente público quando inexistir a diminuição do patrimônio público.

E o raciocínio, portanto, é lógico: se não houver o dano, inexiste a pretensão de ressarcimento e, consequentemente, inexiste o enriquecimento ilícito do agente público, o que afastaria, por si só, a pretensão punitiva.

É certo, contudo, que a discussão adquire outros contornos quando tem por base a violação do art. 11 da Lei de Improbidade, ou seja, em se tratando de ofensa a princípios da Administração.

Neste caso, ademais, diversamente do que ocorrera no art. 10 da Lei de Improbidade, não há previsão expressa de efetivo dano como requisito para a punição do ato, conforme pode ser extraído da Lei:

> Art. 11. Constitui ato de improbidade administrativa que atenta contra os princípios da administração pública qualquer ação ou omissão que viole os deveres de honestidade, imparcialidade, legalidade, e lealdade às instituições, e notadamente:

Logo, em se tratando de violação aos princípios da Administração Pública, por sua vez, o entendimento majoritário doutrinário e jurisprudencial é pela desnecessidade do efetivo prejuízo como condição de punibilidade, conforme pode ser vislumbrado nos seguintes arestos:

> AÇÃO CIVIL PÚBLICA Improbidade Administrativa Inexistência de procedimento licitatório Compra de cartuchos e recarga de toners e cartuchos Violação aos princípios da legalidade, isonomia, imparcialidade e moralidade administrativa A configuração do ato de improbidade,

---

vel a prova de existência de dano ao patrimônio público para que se tenha configurado o fato de improbidade, inadmitindo o dano presumido. Ressalvado entendimento da relatora. (STJ, Rel. Min. Eliana Calmon, REsp 621415/MG, 2ª Turma, DJe 30.05.2006).

pela violação aos princípios da administração pública, nos termos do artigo 11, da Lei 8.429/92, *independe da existência de efetivo dano ao erário público e da comprovação de dolo específico do agente público Recurso não provido.*[80]

---

[80] Processo 0003184-35.2010.8.26.0156; Tribunal de Justiça do Estado de São Paulo; 7ª Câmara de Direito Público; Relator Magalhães Coelho; Julgado em 10/01/2012. No mesmo sentido, ver:
PROCESSUAL CIVIL E ADMINISTRATIVO. RECURSO ESPECIAL. DIVERGÊNCIA JURISPRUDENCIAL. NÃO COMPROVAÇÃO. DESCUMPRIMENTO DOS REQUISITOS LEGAIS. VIOLAÇÃO DO ART. 535, II, DO CPC. NÃO CONFIGURAÇÃO. ATO DE IMPROBIDADE ADMINISTRATIVA. VIOLAÇÃO DE PRINCÍPIOS DA ADMINISTRAÇÃO PÚBLICA. ART. 11 DA LEI 8.429/92. ELEMENTO SUBJETIVO. CONDUTA DOLOSA. NÃO COMPROVAÇÃO. PRECEDENTES DO STJ. RECURSO ESPECIAL PARCIALMENTE CONHECIDO E, NESSA PARTE, PROVIDO (...). Efetivamente, a configuração do ato de improbidade administrativa por lesão aos princípios da Administração Pública não exige prejuízo ao erário, nos termos do art. 21 da Lei 8.429/92. Entretanto, é indispensável a presença de conduta dolosa do agente público ao praticar o suposto ato de improbidade administrativa previsto no art. 11 da Lei de Improbidade Administrativa, elemento que não foi reconhecido pela Corte a quo no caso concreto. (REsp 1036229/PR RECURSO ESPECIAL 2008/0047830-6 Relator(a) Ministra DENISE ARRUDA – Órgão Julgador – PRIMEIRA TURMA Data do Julgamento 17/12/2009 Data da Publicação/Fonte DJe 02/02/2010 – negritos à parte).
ADMINISTRATIVO – AÇÃO CIVIL PÚBLICA – IMPROBIDADE ADMINISTRATIVA – NEPOTISMO – VIOLAÇÃO A PRINCÍPIOS DA ADMINISTRAÇÃO PÚBLICA – OFENSA AO ART. 11 DA LEI 8.429/1992 – DESNECESSIDADE DE DANO MATERIAL AO ERÁRIO. (...) A jurisprudência desta Corte firmou-se no sentido de que o ato de improbidade por lesão aos princípios administrativos (art. 11 da Lei 8.249/1992), independe de dano ou lesão material ao erário.
(REsp 511095 / RS RECURSO ESPECIAL 2003/0008438-1 Relator(a) Ministro LUIZ FUX (1122) Órgão Julgador T1 – PRIMEIRA TURMA Data do Julgamento 04/11/2008 Data da Publicação/Fonte DJe 27/11/2008 – negritos à parte).
PROCESSUAL CIVIL. RECURSO ESPECIAL. AÇÃO CIVIL PÚBLICA. IMPROBIDADE ADMINISTRATIVA. LEI 8.429/92. CONTRATAÇÃO SEM CONCURSO PÚBLICO. AUSÊNCIA DE DANO AO ERÁRIO. 1. É cediço que não havendo prova de dano ao erário, afasta-se a sanção de ressarcimento prevista na primeira parte do inciso III do art. 12 da Lei 8.429/92. As demais penalidades, inclusive a multa civil, que não ostenta feição indenizatória, são perfeitamente compatíveis com os atos de improbidade tipificados no art. 11 da Lei 8.429/92

Em síntese, correta a interpretação de que o ato de improbidade por lesão aos princípios administrativos (art. 11 da Lei 8.249/1992), independe de dano ou lesão material ao erário, mesmo porque, conforme ressaltado alhures, diversamente do que ocorre no art. 10 da Lei de Improbidade, não há a exigência expressa do efetivo dano.

(lesão aos princípios administrativos). (REsp nº 880.662/MG, Rel. Min. CASTRO MEIRA, DJ de 01/03/2007, p. 255).

8

LEI DE IMPROBIDADE ADMINISTRATIVA EM FACE DE AGENTES POLÍTICOS ENGLOBADAS PELA LEI DECRETO-LEI 1070/50 E DECRETO-LEI 201/67

Outro tema objeto de muita discussão concerne à aplicação da lei de improbidade administrativa aos denominados agentes políticos.

Neste diapasão, antes de mais nada, se faz necessário a definição de agentes políticos que, segundo a doutrina de Celso Antônio Bandeira de Mello:

> São os titulares de cargos estruturais à organização política do País, ou seja, ocupantes dos que integram o arcabouço constitucional do Estado, o esquema fundamental do Poder. Daí que se constituem nos formadores da vontade superior do Estado. São agentes políticos apenas o presidente da República, os Governadores, Prefeitos e respectivos vices, os auxiliares imediatos dos Chefes do Executivo, isto é, Ministros e Secretários das diversas Pastas, bem como os Senadores, Deputados federais e estaduais e Vereadores. O vínculo que tais agentes entretêm com o Estado não é de natureza profissional, mas de natureza política. Exercem um múnus público... A Relação jurídica que os vincula ao Estado é de natureza institucional, estatutária. Seus direitos e deveres não advêm de contrato travado com o Poder Público, mas descendem diretamente da Constituição e das leis. Donde, são por elas modificáveis, sem que caiba procedente oposição às alterações supervenientes, sub color de que vigoravam condições diversas ao tempo das respectivas investiduras.[81]

Por sua vez, Hely Lopes Meirelles, assim os define:

> Agentes políticos são os componentes do Governo nos seus primeiros escalões, investidos em cargos, funções, mandatos ou comissões, por nomeação, eleição, designação ou delegação para o exercício de atribuições constitucionais.

---

81 DE MELLO, Celso Antônio Bandeira. *Curso de Direito Administrativo*. São Paulo, Editora Malheiros, p. 230.

Esses agentes atuam com plena liberdade funcional, desempenhando suas atribuições com prerrogativas e responsabilidade próprias, estabelecidas na Constituição e em leis especiais. Têm normas específicas para a sua escolha, investidura, conduta e processo por crimes funcionais e de responsabilidade, que lhes são privativos. [...] Nesta categoria encontram-se os Chefes de Executivo (Presidente da República, Governadores e Prefeitos) e seus auxiliares imediatos (Ministros e Secretários de Estado e de Município); os membros das corporações legislativas (Senadores, Deputados e Vereadores); os membros do Poder Judiciário (Magistrados em geral); os membros do Ministério Público (Procuradores da República e da Justiça, Promotores e Curadores Públicos); os membros dos Tribunais de Contas...[82]

Ademais, vale ressaltar que não houvera disposição de prerrogativa de foro aos agentes políticos pela prática de atos de improbidade, de forma que a Constituição silencia quanto a este fato, diversamente do que ocorre em diversos outros dispositivos.

A prerrogativa de foro visa garantir o livre exercício de um cargo ou de um mandato de agente público, com a finalidade de se conferir uma maior segurança no exercício de seu *munus*, em virtude do cargo especial que ocupa e, segundo a doutrina de Fernando Capez:

> O foro por prerrogativa visa a preservar a independência do agente político, no exercício de sua função, e garantir o princípio da hierarquia, não podendo ser tratado como se fosse um simples privilégio estabelecido em razão da pessoa.[83]

Este o motivo da celeuma da aplicação da lei de improbidade aos denominados agentes políticos, caso que merece diversas considerações e é motivo de acalorados debates.

Com efeito, no âmbito do Supremo Tribunal Federal, a Reclamação 2138 abordou o tema, onde restou assentado que a lei de improbidade administrativa não se aplica aos agentes políticos quando estes se submeterem às regras de "crimes de responsabilidade".

Em síntese de raciocínio, consignou que os agentes políticos estão submetidos a um regime especial de responsabilidade previsto na Lei 1.070/1950, de sorte que não seriam abrangidos pela lei de improbidade

---

82 MEIRELLES, Hely Lopes. *Direito Administrativo Brasileiro*. 26a. ed., 2001, p. 71-72.

83 CAPEZ, Fernando. *Curso de processo penal*. São Paulo; Editora Saraiva, 1997, p. 173.

administrativa por se tratarem de agentes políticos. Adiante, sintetiza que a aplicação de ambos os dispositivos (Lei 8.429/1992 e 1.079/1950) caracterizaria *bis in idem*, de sorte que a solução seria a aplicação única da lei de crimes de responsabilidade (Lei 1.070/1950).

Neste julgamento, restou assentado que não caberia a um juiz de primeiro grau decretar àquelas autoridades detentoras de prerrogativa de foro a perda do cargo político, "pois isto configuraria um fator de desestabilização político-institucional para a qual a lei de improbidade administrativa não foi vocacionada".[84]

Ademais, como consequência deste raciocínio:

> A aplicação dessa Lei aos agentes políticos pode propiciar situações extremamente curiosas: (a) o afastamento cautelar do PRESIDENTE DA REPÚBLICA [...] mediante iniciativa de membro do Ministério Público, a despeito das normas constitucionais que fazem o próprio processo penal a ser movido perante esta Corte depender da autorização por dois terços da Câmara dos Deputados (CF, art. 102, I, b c/c art. 86, caput); [...] (c) o afastamento cautelar ou definitivo do PRESIDENTE DO SUPREMO TRIBUNAL FEDERAL, de qualquer de seus membros ou de membros de qualquer Corte Superior, em razão de decisão de juiz de primeiro grau; [...].[85]

Por fim, como desfecho da argumentação, consoante voto do ministro relator:

> Ministro de Estado não responde, por improbidade administrativa com base na Lei n. 8.429/1992, mas apenas por crime de responsabilidade – em ação que somente pode ser proposta perante o Supremo Tribunal Federal. Neste particular, uma interpretação sistemática da Constituição, somada à compreensão constitucionalmente adequada da natureza dos agentes políticos, conduz à conclusão de que esses agentes não podem ser perseguidos por meio da ação de improbidade administrativa e leva à necessidade de se firmar uma redução teleológica do teor da norma constante do art. 2º da Lei n. 8.429/1992. (...) O exercício das atribuições dos agentes políticos não se confunde com as funções exercidas pelos demais servidores públicos, subordinados a limitações hierárquicas, não dotados de autonomia funcional e sujeitos a um sistema comum

---

84 Rcl. 2138/DF . Supremo Tribunal Federal. Relator: Min. Nelson Jobim; Julgado em 13.06.2007.

85 Rcl. 2138/DF. Supremo Tribunal Federal. Relator: Min. Nelson Jobim; Julgado em 13.06.2007.

de responsabilidade (...) em virtude da necessária liberdade funcional inerente ao desempenho de das funções que a Constituição entrega aos agentes políticos, eles não devem estar sujeitos ao sistema de supervisão e repressão comum dos demais agentes públicos. Eles não podem estar sujeitos aos critérios e procedimentos de apuração de responsabilidade próprios do servidor administrativo (...) a responsabilidade do agente político não deverá ser apurada pelo mesmo padrão e nem pelos mesmos meios com que se averigua a responsabilidade do agente administrativo.[86]

A tese vencedora na Reclamação 2.138/DF assentou que tanto os atos de improbidade quanto os crimes de responsabilidade possuem a mesma natureza jurídica, qual seja, de infrações político-administrativa, de modo que não podem ser duplamente aplicadas sob pena de clarividente ofensa ao princípio do *bis in idem*.

Ademais, ressalta o Ministro que os agentes políticos gozam de um tratamento diferenciado exposto pela Constituição Federal, com a existência de prerrogativas outorgadas com a finalidade de se assegurar o livre exercício de sua função pública.

Deveras, a jurisdição especial é realmente instituída no interesse público do seu exercício com independência e imparcialidade, trata-se de uma prerrogativa de certas funções públicas não para a pessoa de seu ocupante, mas em razão de seu cargo público.

Neste mesmo sentido, o Superior Tribunal de Justiça já assentou que

> O foro especial por prerrogativa funcional não é privilégio pessoal do seu detentor, mas garantia necessária ao pleno exercício de funções públicas, típicas do Estado Democrático de Direito: é técnica de proteção da pessoa que o detém, em face de dispositivo da Carta Magna, significando que o titular se submete a investigação, processo e julgamento por órgão judicial previamente designado, não se confundindo, de forma alguma, com a ideia de impunidade do agente.[87]

Neste jaez, salutares são os dizeres no sentido de que:

> Os agentes políticos, precisamente porque não sujeitos a qualquer hierarquia e ainda porque contam com regime jurídico especial, afastam-se do sistema normativo da lei de improbidade administrativa. Raciocinar em sentido contrário seria admitir flagrante violação à regra do ne bis in idem.

---

[86] Rcl. 2138/DF. Supremo Tribunal Federal. Relator: Min. Nelson Jobim; Julgado em 13.06.2007.

[87] STJ – HC 99.773/RJ – 5ª Turma – Rel. Min. Napoleão Nunes Maia Filho.

A sanção decorrente de uma infração político-administrativa (ou de atos de improbidade administrativa) não conflita com a sanção penal, quando o caso, porque elas não se confundem, ou seja, possuem natureza jurídica diversa. Não se pode, entretanto, admitir a mesma consequência (cumulativa) quando se tratar de duas sanções de natureza intrinsecamente idênticas. Isso é o que ocorre em relação às infrações de natureza político-administrativa (às vezes chamada impropriamente de "crimes de responsabilidade") e às contempladas na Lei de improbidade administrativa, que configuram matéria de Direito sancionador, não de Direito penal. Impor duas sanções (ou seja: fazer incidir dois regramentos jurídicos) da mesma natureza, com idênticos fundamentos, significa patente infringência do *ne bis in idem*.[88]

Contudo, a tese vencida, asseverou a plena possibilidade de se aplicar concomitantemente as sanções político-administrativas com a Lei de Improbidade Administrativa, posição exposta na lavra do voto do Min. Joaquim Barbosa, que acompanhou o voto vencido do Min. Carlos Velloso (Informativo STF 471):

> O Min. Joaquim Barbosa acompanhou o voto vencido do Min. Carlos Velloso quanto à conclusão de que os fatos em razão dos quais o Ministério Público Federal ajuizara a ação de improbidade não se enquadravam nas tipificações da Lei 1.079/50 e de que não seria aplicável, portanto, o art. 102, I, c, da CF. Em acréscimo a esses fundamentos, asseverava, também, a existência, no Brasil, de disciplinas normativas diversas em matéria de improbidade, as quais, embora visando à preservação da moralidade na Administração Pública, possuiriam objetivos constitucionais diversos: a específica da Lei 8.429/92, que disciplina o art. 37, § 4º, da CF, de tipificação cerrada e de incidência sobre um amplo rol de possíveis acusados, incluindo até mesmo pessoas que não tenham vínculo funcional com a Administração Pública; e a referente à exigência de probidade que a Constituição faz em relação aos agentes políticos, especialmente ao Chefe do Poder Executivo e aos Ministros de Estado (art. 85, V), a qual, no plano infraconstitucional, se completa com o art. 9º da Lei 1.079/1950. Esclarecia que o art. 37, § 4º, da CF traduziria concretização do princípio da moralidade administrativa inscrito no caput desse mesmo artigo, por meio do qual se teria buscado coibir a prática de atos desonestos e antiéticos, aplicando-se, aos acusados as várias e drásticas penas previstas na Lei 8.429/92. Já o tratamento jurídico da

---

88 BIANCHINI, Alice; GOMES, Luiz Flavio. *Agentes Políticos Não Estão Sujeitos À Lei de Improbidade Administrativa*. Leituras Complementares de Direito Administrativo. Advocacia Pública, 2ª Ed. JusPodivm, 2010, p. 42.

improbidade prevista no art. 85, V, da CF e na Lei 1.079/50, direcionada aos fins políticos, ou seja, de apuração da responsabilização política, assumiria outra roupagem, porque o objetivo constitucional visado seria o de lançar no ostracismo político o agente político faltoso, cujas ações configurassem um risco para o estado de Direito; a natureza política e os objetivos constitucionais pretendidos com esse instituto explicariam a razão da aplicação de apenas duas punições ao agente político: perda do cargo e inabilitação para o exercício de funções públicas por 8 anos. Dessa forma, estar-se-ia diante de entidades distintas que não se excluiriam e poderiam ser processadas separadamente, em procedimentos autônomos, com resultados diversos, não obstante desencadeados pelos mesmos fatos. Salientando que nosso ordenamento jurídico admitiria, em matéria de responsabilização dos agentes políticos, a coexistência de um regime político com um regime puramente penal, afirmava não haver razão para esse mesmo ordenamento impedir a coabitação entre responsabilização política e improbidade administrativa. Entendia que eximir os agentes políticos da ação de improbidade administrativa, além de gerar situação de perplexidade que violaria os princípios isonômico e republicano, seria um desastre para a Administração Pública, um retrocesso institucional.[89]

Portanto, por mais que existam diversas autoridades classificadas como agentes políticos, segundo um conceito mais ampliativo, apenas as autoridades com foro para processo e julgamento por crime de responsabilidade previstos na Constituição Federal estariam imunes (arts. 52, I e II; 96, III; 102, I, c; 105, I, a, e 108, I, a).

Logo, a inaplicabilidade da lei de improbidade administrativa aos agentes políticos somente se aplica a um seleto grupo de agentes políticos, eis que em relação aos demais há plena submissão às Leis 8.429/92 e 1.079/50.

Neste diapasão, o Superior Tribunal de Justiça já fixou o entendimento pela admissibilidade da sujeição de diversos outros agentes políticos às sanções da Lei 8.429/92:

> Processo civil. Questão de Ordem em Ação de improbidade administrativa. Agentes políticos e agentes administrativos. Jurisprudência do Supremo Tribunal Federal no sentido da impossibilidade de propositura da ação de improbidade, quanto aos agentes políticos, que se sujeitam à ação penal por crime de responsabilidade. Aplicabilidade no âmbito do STJ. Ação proposta contra membro do Tribunal de Contas de Estado

---

89 Rcl 2138/DF, rel. orig. Min. Nelson Jobim, rel. p/ o acórdão Min. Gilmar Mendes, 13.6.2007.

da Federação. Peculiaridades, quanto à sua tipificação da conduta contida na ação de improbidade, que afasta a orientação preconizada pelo STF. Possibilidade de sua responsabilização pelo regime de ação de improbidade. – No julgamento da Recl. 2.138/DF, o STF decidiu que o regime da ação de improbidade administrativa não se aplica aos agentes políticos, cujos atos estariam abrangidos pelos preceitos contidos da Lei dos Crimes de Responsabilidade, com o foro privativo estabelecido na Constituição Federal. *Haveria, portanto, para os agentes políticos, 'bis in idem' entre os preceitos da Lei de Crimes de Responsabilidade e a Lei de Improbidade Administrativa. – Para Conselheiros do Tribunal de Contas do Estado, a conclusão não pode ser a mesma. A Lei dos Crimes de Responsabilidade separa, quanto às consequências, as condutas praticadas pelos diversos agentes políticos. Assim, o Presidente da República e pelos Ministros de Estado podem praticar condutas que são tipificadas como crimes contra a administração, nas quais se verificaria, na visão do STF, 'bis in idem' com as condutas previstas na Lei de Improbidade Administrativa. Outros agentes políticos, porém, como os membros de Tribunais de Contas, não estão entre as autoridades a quem a lei reputa possível cometer tais crimes.* Para eles, a Lei dos Crimes de Responsabilidade possibilita apenas a prática de Crimes contra a Lei Orçamentária, que não se identificam, necessariamente, com os atos reprimidos pela Lei de Improbidade Administrativa. – A peculiaridade das condutas tipificadas na Lei dos Crimes de Responsabilidade, quanto aos membros do Tribunal de Contas, indica que a eles não se estende a novel jurisprudência do STF, que exclui os agentes políticos do âmbito da Lei de Improbidade Administrativa. Portanto, a ação de improbidade, aqui, permanece cabível, não sendo todavia competente o STJ para dela conhecer. Questão de Ordem acolhida para remeter os autos ao Tribunal de Justiça da Bahia, para distribuição em primeiro grau da ação de improbidade administrativa.

– O precedente da Rcl nº 2.138 não se aplica aos membros do Congresso Nacional. AGRAVO REGIMENTAL. RECLAMAÇÃO. AÇÃO CIVIL PÚBLICA. MEMBRO DO CONGRESSO NACIONAL. Os julgados desta Corte apontados como ofendidos, Reclamações nº 4.895/DF e nº 2.138/DF, não tratam da mesma situação destes autos, porquanto cuidaram da competência para o processamento de ação de improbidade contra ato praticado por Ministro de Estado (art. 102, I,c, da Constituição Federal), circunstância diversa da presente, que envolve membro do Congresso Nacional, relativamente ao qual a legislação infraconstitucional não prevê crime de responsabilidade. 2. Agravo regimental desprovido.[90]

---

90   Rcl 5.126 AgR/RO, Rel. Min. MENEZES DIREITO, Pleno, julgado em 21.11.2007, DJe j. 19.12.2007.

RECURSO ESPECIAL. ADMINISTRATIVO. IMPROBIDADE ADMINISTRATIVA. VIOLAÇÃO AO ART. 535 DO CPC. OMISSÃO NÃO CONFIGURADA. MAGISTRADO. NÃO INCLUSÃO NO ROL DOS ARTS. 39 E 39-A DA LEI 1.079/50, ALTERADA PELA LEI 10.028/00. LEI DE IMPROBIDADE ADMINISTRATIVA. LEI 8.429/92. APLICABILIDADE AOS AGENTES POLÍTICOS. PRECEDENTE DA CORTE ESPECIAL: RCL 2.790/SC. RECURSO ESPECIAL PROVIDO. (...) 2. *A Lei 1.079/50 não abrange o processo e o julgamento de Magistrados, quando praticam condutas alegadamente ímprobas. A Lei é clara e traz um rol taxativo em seu art. 10 das condutas que caracterizam crime de responsabilidade, o que não é compatível com as acusações imputadas ao recorrido. Ademais, consoante a jurisprudência do STJ, ressalvada a hipótese dos atos de improbidade cometidos pelo Presidente da República, aos quais se aplica o regime especial previsto no art. 86 da Carta Magna, os Agentes Políticos sujeitos a crime de responsabilidade não são imunes às sanções por ato de improbidade previstas no art. 37, § 4º, da CF. 3. A decisão proferida na RCL 2.138/DF, em que se baseou o Tribunal a quo para fundamentar a sua decisão, não possui efeito vinculante ou eficácia erga omnes, uma vez que esse julgado somente produziu efeitos perante as partes que integraram aquela relação processual.* (...) 5. Dá-se provimento ao Recurso Especial para reconhecer a incidência da Lei de Improbidade Administrativa aos Agentes Políticos e assentar que o recorrido não faz jus ao foro especial, em razão de não mais exercer o cargo de Desembargador Federal. Retornem os autos ao Juízo de origem para processar e julgar o feito. 6. Recurso Especial provido.[91]

---

91 REsp 1205562/RS, Relator Ministro NAPOLEÃO NUNES MAIA FILHO, Primeira Turma, DJe 17.02.2012.

Ver, nesse sentido, também:

PROCESSUAL CIVIL E ADMINISTRATIVO. RECURSO ESPECIAL. OFENSA AO ART. 535 DO CPC. INOCORRÊNCIA. CERCEAMENTO DE DEFESA POR JULGAMENTO ANTECIPADO DA LIDE. APLICAÇÃO DA SÚMULA Nº 7 DESTA CORTE SUPERIOR. IMPROBIDADE ADMINISTRATIVA. AGENTES POLÍTICOS. COMPATIBILIDADE ENTRE REGIME ESPECIAL DE RESPONSABILIZAÇÃO POLÍTICA E A LEI DE IMPROBIDADE ADMINISTRATIVA. ELEMENTO SUBJETIVO DOLOSO. CARACTERIZAÇÃO. FALTA DE PREQUESTIONAMENTO. (...) 7. Esta Corte Superior admite a possibilidade de ajuizamento de ação de improbidade em face de agentes políticos, em razão da perfeita compatibilidade existente entre o regime especial de responsabilização política e o regime de improbidade administrativa previsto na Lei nº 8.429/92. Precedente. (REsp 1277440/PR, Relator Ministro MAURO CAMPBELL MARQUES, Segunda Turma, DJe 14.02.2012)

Por sua vez, há quem defenda a aplicabilidade da Lei de Improbidade, como pode ser extraído do seguinte excerto:

> No tocante aos agentes públicos, repita-se, não se vê em que medida possam estar descartados do raio de incidência da LGIA, conquanto o STF possa decidir em sentido contrário, acolhendo a tese de que tal diploma legal consagraria crimes de responsabilidade para determinados agentes políticos. Destacamos que, mesmo nesse caso, nem todos os agentes políticos estariam descartados da LGIA, porquanto há categorias que não se subordinam aos crimes de responsabilidade, como é o caso

---

ADMINISTRATIVO E PROCESSO CIVIL. IMPROBIDADE ADMINISTRATIVA. ESCRITÓRIO DE ADVOCACIA. CONTRATAÇÃO DIRETA. LEI DE IMPROBIDADE ADMINISTRATIVA. APLICAÇÃO AOS AGENTES POLÍTICOS. ESFERAS PENAL E CÍVEL. INDEPENDÊNCIA. ATO DE IMPROBIDADE. CONFIGURAÇÃO. RAZOABILIDADE E PROPORCIONALIDADE DAS PENAS. REEXAME. SÚMULA Nº 7/STJ. DISPENSA DE LICITAÇÃO. NECESSIDADE DE PRÉVIO PROCEDIMENTO ADMINISTRATIVO. (...) II – O posicionamento adotado pela Corte de origem se afina com o deste Sodalício Superior no sentido de que é perfeitamente possível a aplicação da Lei de Improbidade Administrativa aos agentes políticos. Precedentes: Rcl nº 2.790/SC, Rel. Min. TEORI ALBINO ZAVASCKI, CORTE ESPECIAL, DJe de 4.03.2010; AgRg no REsp nº 1.189.265/MS, Rel. Min. HUMBERTO MARTINS, DJe de 14.02.2011. Incidência do verbete sumular nº 83/STJ. (AgRg no REsp 1220011/PR, Relator Ministro FRANCISCO FALCÃO, Primeira Turma, DJe 06.12.2011) ADMINISTRATIVO E PROCESSUAL CIVIL. AGRAVO REGIMENTAL NO AGRAVO DE INSTRUMENTO. AÇÃO CIVIL PÚBLICA. IMPROBIDADE ADMINISTRATIVA. PARTICIPAÇÃO DE MAGISTRADO EM SOCIEDADES EMPRESÁRIAS, COMO SÓCIO DE FATO. APLICAÇÃO DA LEI Nº 8.429/1992. RECEBIMENTO DA PETIÇÃO INICIAL, NOS TERMOS DO ART. 17 DA LEI Nº 8.429/1992. VIOLAÇÃO DOS ARTIGOS 165, 458 E 535 DO CÓDIGO DE PROCESSO CIVIL NÃO VERIFICADA. ARTIGO 26 DA LC Nº 35/1979 NÃO PREQUESTIONADO. SÚMULA Nº 211 DO STJ. ACÓRDÃO A QUO EM CONSONÂNCIA COM O ENTENDIMENTO DO STJ. SÚMULA Nº 83 DO STJ. (...) 3. 'Esta Corte Superior tem posicionamento pacífico no sentido de que não existe norma vigente que desqualifique os agentes políticos – incluindo os magistrados – da possibilidade de figurar como parte legítima no pólo passivo de ações de improbidade administrativa' (AgRg no REsp 1127541/RN, Rel. Ministro Humberto Martins, Segunda Turma, DJe 11.11.2010). No mesmo sentido, dentre outros: EDcl no AgRg na AIA 26/SP, Rel. Ministra Denise Arruda, Corte Especial, DJe 01.07.2009; REsp 1127182/RN, Rel. Ministro Mauro Campbell Marques, Segunda Turma, DJe 15.10.2010. (AgRg no Ag 1323633/SP, Relator Ministro BENEDITO GONÇALVES, Primeira Turma, DJe 11.04.2011)

dos magistrados e membros do Ministério Público, sem falar nos membros dos Tribunais de Contas. Se o STF delibera no sentido da exclusão de determinadas classes de agentes políticos do âmbito de incidência da LGIA, essa decisão, conquanto equivocada, não retira o caráter geral deste Código de Conduta, porque nem mesmo elimina a presença de outros agentes políticos debaixo da tutela do Código. Em realidade, a discussão que se há de admitir é sobre os ritos punitivos endereçados a certas autoridades. As prerrogativas de foro, repita-se, são ou podem ser válidas, do ponto de vista jurídico, considerando a aproximação entre direito penal e direito administrativo sancionador. Não obstante, não se pode aceitar a criação de inconstitucional imunidade a determinada classe de agentes públicos, não prevista nem na Magna Carta, nem nas leis, diante do alcance da LGIA.[92]

Pode-se dizer, portanto, que na posição do Superior Tribunal de Justiça o cabimento da incidência da Lei de Improbidade aos agentes políticos é plenamente possível, observada a exceção relativa à figura do Presidente da República.

Outrossim, para a vertente que aduz a possibilidade de aplicação da Lei de Improbidade a Agentes Políticos, aduzem que a Constituição Federal em momento algum determina que os agentes políticos respondam apenas pelas infrações político-administrativas, muito pelo contrário, eis que artigo 52 da Constituição prevê que a condenação se dará sem prejuízo das demais sanções judiciais cabíveis.

Com efeito, o fato de certos agentes políticos responderem por "crime de responsabilidade" não os exonera da responsabilização por crime comum ou mesmo por ato de improbidade administrativa.

Se essa fosse a *ratio* do legislador o teria feito expressamente, o que não é o caso, mas justamente o oposto. Como adendo, não se pode olvidar que o artigo 12 da Lei 8.429/92, ao regular o disposto no artigo 37, § 4º, da Constituição Federal estabeleceu que as sanções nele previstas são aplicáveis "independentemente das sanções penais, civis e administrativas".

É certo que ao agente ser político deve-se assegurar a correlata independência e imparcialidade na tomada de suas decisões, para o bom exercício de sua função, por outro lado, ele mais do que ninguém deve zelar pelo erário, pela *res publica* e pela defesa dos Princípios da Administração,

---

92 OSÓRIO, Fábio Medina. *Teoria da Improbidade Administrativa*. São Paulo: Revista dos Tribunais, 2007. p. 208-209.

razão pela qual a aplicação conjunta, além de juridicamente possível, é medida salutar e conveniente para o ente federativo.

Ademais, vale consignar que o instituto da Reclamação goza de efeitos *inter partes*, de sorte que por diversas vezes os Tribunais negaram a suspensão das ações de improbidade em curso com base naquela reclamação, quando ainda não havia o julgamento definitivo:

> Conforme entendimento da 1ª Seção desta Corte, a pendência de julgamento da Reclamação n° 2 138-6/DF no Supremo Tribunal Federal não é causa prejudicial apta a ensejar a suspensão das ações de improbidade administrativa movidas em face de agentes políticos.[93]

Também:

> A reclamação não integra o rol das ações constitucionais destinadas a realizar o controle concentrado das leis e atos normativos E medida processual que somente opera efeitos inter partes, não ostentando efeito geral vinculante. Se o futuro provimento jurtsdicional a ser proferido pelo Supremo na Reclamação n° 2 138-6/DF não vincula o juízo da ação de improbidade, não há razão para suspender o processo por esse fundamento.[94]

Ademais, mesmo posteriormente ao julgamento, o Egrégio Tribunal de Justiça do Estado de São Paulo, por diversas vezes já assentou a desnecessidade de observar o disposto na reclamação 2138/DF, em razão de seus efeitos ou mesmo do caráter exarado na da decisão. Neste sentido, didático e objetivo são os ensinamentos do Des. Eduardo Gouvêa, no sentido de que:

> E sobre a Reclamação n. 2138/DF, observa-se que ela já foi julgada pelo Pretório Excelso (Publicação DJE 18/04/2008 ATA n° 11/2008 DJE n. 70, divulgado em 17/04/2008). E apesar do STF ter se manifestado pela impossibilidade de aplicação das sanções da Lei de Improbidade aos agentes políticos, este Tribunal de Justiça já esclareceu que esta decisão não produz efeitos *erga omnes* e nem vinculante.[95]

---

93 REsp 694 582/RS; Superior Tribunal de Justiça; 2ª Turma; Relator Ministro Teori Albino Zavascki; Julgado em 29.06.2006.

94 REsp 704 996/RS; Superior Tribunal de Justiça; 2ª Turma; Relatora Ministra Eliana Calmon; DJE 03.10.2005.

95 Processo 0175543-76.2007.8.26.0000; Tribunal de Justiça do Estado de São Paulo; 7ª Câmara de Direito Público; Relator Eduardo Gouvêa; Julgado em 30.01.2012.

Em outra oportunidade, ademais, a controvérsia que rege a matéria restou destacada pelo mesmo Tribunal no seguinte sentido:

> A decisão agravada baseou-se em entendimento do Supremo Tribunal Federal, manifestado no julgamento da reclamação n. 2138/DF, relator o Ministro Nelson Jobim, em que se decidiu pela impossibilidade de aplicação das sanções da lei de improbidade administrativa aos agentes políticos. Todavia, aquele precedente, além de não produzir efeitos "erga omnes", não se reflete orientação jurisprudencial da Corte Suprema. Trata-se de decisão isolada em julgamento por apertada maior, e cuja aceitação enfrenta resistência naquela mesma Corte, que tem proferido julgamentos em sentido contrário em relação a esta mesma matéria.[96]

Como prova do citado nos parágrafos anteriores, no que pertine à possibilidade de julgamentos diversos até que o ponto seja julgado de forma definitiva por instituto que goze de efeito *erga omnes* e efeito vinculante, o que não é o caso da Reclamação, fora exarado pelo D. Desembargador Sidney Romano dos Reis, interessante posição acerca da aplicabilidade da Lei de Improbidade mesmo a agentes políticos, em razão de disposição expressa na própria Lei de Improbidade:

> Outrossim, no pertinente a não ser viável utilização de ação de improbidade administrativa contra agente político, é bem de ver que os expressos e próprios termos da Lei nº 8429/92, em seu artigo 2º, espancam qualquer dúvida, ao incluir entre aqueles que podem cometer tais atos lesivos ao erário os que são eleitos: 'Art. 2º Reputa-se agente público, para os efeitos desta lei, todo aquele que exerce, ainda que transitoriamente ou sem remuneração, por eleição, nomeação, designação, contratação ou qualquer outra forma de investidura ou vínculo, mandato, cargo, emprego ou função nas entidades mencionadas no artigo anterior'. E deve ser notado que não se exclui sequer os que exerçam mandato, de modo que o agente político, aí tido aquele que, por eleição democrática, vem a exercer cargo público por mandato popular, também se enquadra como agente público e, portanto, se submete ao império da lei.[97]

Logo, trata-se de matéria permeada de divergência e controvérsia, características estas observadas mesmo quando do julgamento da Reclamação 2138/DF, que diga-se de passagem ocorrera por maioria e em face de acalorados debates.

---

96 Agravo de Instrumento 786.933-5/9; Tribunal de Justiça do Estado de São Paulo; 4ª Câmara de Direito Público; Relator Ferreira Rodrigues, julgado em 29.06.2009.

97 Agravo de Instrumento nº 0014651-57.2011.8.26.0000; Tribunal de Justiça do Estado de São Paulo; 6ª Câmara de Direito Público; Relator Sidney Romano dos Reis; Julgado em 01.08.2011.

Postas tais considerações, relembrando a inexistência de caráter vinculante nas decisões no bojo do instituto da Reclamação e sem deixar de lado a finalidade da Lei de Improbidade, que é, *ultima ratio,* a proteção ao erário público e princípios inerentes à Administração, uma hermenêutica lógico-sistemática conduz à inaplicabilidade da lei de improbidade àquelas autoridades máximas constantes da Lei 1.079/1950.

Por fim, no caso específico dos PREFEITOS E VEREADORES, os quais encontram-se sujeitos ao Decreto Lei 201/67, o entendimento não será o mesmo observado na Reclamação 2138/DF, ainda que houvesse o caráter vinculante à Reclamação.

Nesta lei específica, os crimes de responsabilidade cometidos por prefeitos podem ser divididos em próprios e impróprios. Os primeiros são infrações político-administrativas, casos em que a função do agente é indispensável para a realização do crime e acarretam a perda do mandato e suspensão dos direitos políticos, ao passo que os segundos são verdadeiras infrações penais, sem que a função pública seja essencial e sancionados com penas privativas de liberdade.

Consequentemente, os crimes próprios serão julgados pela Câmara de Vereadores e, em se tratando dos crimes impróprios, o julgamento ocorrerá pelo Tribunal de Justiça.

Logo, a regra não será a mesma citada alhures, primeiro porque sujeitos ao Decreto Lei 201/67 e não às disposições da Lei 1.079/1950, conforme analisado na Jurisprudência do Pretório Excelso. Neste mesmo sentido, vários diversos julgados corroboram o entendimento supra:

> Os cognominados crimes de responsabilidade ou, com designação mais apropriada, as infrações político-administrativas são aqueles previstos no art. 4º do Decreto-Lei n. 201, de 27 de fevereiro de 1967, e sujeitam o chefe do executivo municipal a julgamento pela Câmara de Vereadores, com sanção de cassação do mandato, *litteris*: 'São infrações político-administrativas dos Prefeitos Municipais sujeitas ao julgamento pela Câmara dos Vereadores e sancionadas com a cassação do mandato' (...) O *bis in idem* não está configurado, pois a sanção criminal, subjacente ao art. 1º do Decreto-Lei n. 201/67, não repercute na órbita das sanções civis e políticas relativas à Lei de Improbidade Administrativa, de modo que são independentes entre si e demandam o ajuizamento de ações cuja competência é distinta, seja em decorrência da matéria (criminal e civil), seja por conta do grau de hierarquia (Tribunal de Justiça e juízo singular). (...) Deveras, o julgado do STF em comento trata da responsabilidade especial de agentes políticos, definida

na Lei n. 1.079/50, mas faz referência exclusiva aos Ministros de Estado e a competência para processá-los pela prática de crimes de responsabilidade. Ademais, prefeito não está elencado no rol das autoridades que o referido diploma designa como agentes políticos.[98]

---

[98] REsp 1.066.772/MS; Superior Tribunal de Justiça; Relator Ministro Min.Benedito Gonçalves; DJE 03.09.09.

Ver, também:

PROCESSUAL. ATO DE IMPROBIDADE DE PREFEITO MUNICIPAL. CONFIGURAÇÃO COMO CRIME DE RESPONSABILIDADE. COMPETÊNCIA DO JUIZ MONOCRÁTICO PARA PROCESSAR E JULGAR O FEITO. AUSÊNCIA DE IDENTIDADE MATERIAL COM OS PARADIGMAS INVOCADOS. AGRAVO IMPROVIDO. I – Os paradigmas invocados pelo agravante dizem respeito à estipulação da competência desta Suprema Corte para processar e julgar os crimes de responsabilidade cometidos por Ministros de Estado. II – O STF tem entendido, nessas hipóteses, que os atos de improbidade administrativa devem ser caracterizados como crime de responsabilidade. III – Na espécie, trata-se de prefeito municipal processado por atos de improbidade administrativa que entende ser de competência originária do Tribunal de Justiça local, e não do juiz monocrático, o processamento e julgamento do feito. IV – Não há identidade material entre o caso sob exame e as decisões invocadas como paradigma. V – Agravo improvido. (Rcl nº 6.034 MC-AgR, Rel. Min. RICARDO LEWANDOWSKI, Pleno, j. em 25.06.2008, DJe 01.08.2008)

ADMINISTRATIVO. PROCESSUAL CIVIL. AÇÃO CIVIL PÚBLICA. IMPROBIDADE ADMINISTRATIVA. VIOLAÇÃO DOS ARTS. 535 E 538 DO CPC. INEXISTÊNCIA. LEGITIMIDADE PASSIVA. VALORAÇÃO DE PROVAS. SÚMULA 7/STJ. AGENTES POLÍTICOS. INCIDÊNCIA DA LIA. INSTRUÇÃO PROBATÓRIA. REEXAME DE FATOS. (...) 5. Aplicam-se a agentes políticos municipais, tais como prefeitos e secretários, as sanções previstas na Lei 8.429/1992. Precedentes do STJ. (REsp 1270078/PR, Relator Ministro HERMAN BENJAMIN, Segunda Turma, DJe 22.08.2012)

"Não há antinomia entre o Decreto-Lei 201/1967 e a Lei 8.429/1992. O primeiro trata de um julgamento político próprio para prefeitos e vereadores. O segundo submete-os ao julgamento pela via judicial, pela prática do mesmo fato. O julgamento das autoridades – que não detêm o foro constitucional por prerrogativa de função para julgamento de crimes de responsabilidade –, por atos de improbidade administrativa, é da competência dos juízes de primeiro grau. (REsp 1.119. 657/MG; Superior Tribunal de Justiça; 2ª Turma; Relatora Ministra Eliana Calmon; DJE 30.09.09)

"Ex-prefeito não se enquadra dentre aquelas autoridades que estão submetidas à Lei nº 1.070/1950, que dispõe sobre os crimes de responsabilidade, podendo responder por seus atos na via da ação civil pública de improbidade administrativa e,

Portanto, na esfera municipal, os vereadores e prefeitos estão expressamente submetidos ao regime estatuído pelo Dec. Lei 201/67, e ambos não se enquadram dentre as autoridades submetidas à Lei n° 1.070/50, que versa acerca dos crimes de responsabilidade, de sorte que as cominações previstas na lei de improbidade imputar-se-ão aos mesmos.

Em suma, a aplicabilidade da Lei de Improbidade a prefeitos é amplamente majoritária, casos em que, em razão da natureza distinta das penas é admitido, inclusive, a cumulação das penas previstas na Lei 8429/92 e do Decreto Lei 201/67, ainda que haja a observância do disposto no Reclamação 2138/DF, porquanto não vale ao caso em apreço, em razão das diferenças apontadas outrora.

Como exposto na jurisprudência do Superior Tribunal de Justiça vista alhures, o Prefeito Municipal, na qualidade de agente político, está sujeito aos ditames da Lei n° 8.429/92, por força do que dispõe o seu art. 2° e os arts. 15, V, e 37, § 4°, da Constituição Federal (ao fazerem referência a "direitos políticos"), da mesma forma como qualquer outro agente público.

---

por outro lado, o eg. STF já decidiu que a Reclamação 2138 traduz caso de ex-Ministro de Estado, não possuindo qualquer efeito vinculante a outras hipóteses." (REsp 1.103.011/ES; Superior Tribunal de Justiça; 2ª Turma; Relator Ministro Francisco Falcão; DJE 20.05.09)

9

LEGITIMIDADE DO MINISTÉRIO PÚBLICO NA AÇÃO CIVIL PÚBLICA DE IMPROBIDADE ADMINISTRATIVA

Outro ponto interessante consiste na legitimidade do Ministério Público para ajuizar ação civil por ato de improbidade.

Antes de mais, nada urge consignar que o Ministério Público se trata de uma instituição permanente, essencial à função jurisdicional do Estado, incumbindo-lhe a defesa da ordem jurídica, do regime democrático e dos interesses sociais e individuais indisponíveis.

Na Constituição de 1988, o *Parquet* está incluído nas funções essenciais à justiça e não possui vinculação funcional a qualquer dos poderes do Estado. Outrossim, ao Ministério Público é assegurado constitucionalmente a sua a unidade, a indivisibilidade e a independência funcional, requisitos essenciais com a finalidade de lhe assegurar sua autonomia administrativa, de forma que possuir iniciativa de lei para propor a criação e extinção de seus cargos, assim como independência para elaborar sua proposta orçamentária (art. 127, §2º da CF/88).

Trata-se, portanto, de uma entidade de importância ímpar no Estado Democrático de Direito que é o Brasil, com especial destaque na proteção ao erário público, eis que goza de um papel preponderante e decisivo na guarda da coisa pública, isto sem se olvidar do combate à corrupção e na fiscalização do cumprimento da Carta Magna. Como instituição permanente, constitui um dos órgãos pelos quais o Estado manifesta sua soberania.

Seus instrumentos de atuação são o inquérito civil e a ação civil pública por ato de improbidade administrativa.

Neste jaez, assim elucida a doutrina acerca da entidade:

> Em verdade, considerando as atribuições que foram constitucionalmente conferidas ao Ministério Público, bem como a autonomia e a independência

a ele asseguradas, a discussão sobre a sua colocação constitucional entre os Poderes da República mostra-se uma questão menor, secundária, de interesse meramente teórico. O que importa é sua feição constitucionalmente traçada, de órgão independente, não subordinado a nenhum dos Poderes da República, sujeito apenas à Constituição e às leis.[99]

Logo, em se tratando de seu papel na Lei de Improbidade administrativa, o Ministério Público quase sempre oficiará nas ações civis públicas na condição de autor (*dominus litis*) e, caso não o seja, necessariamente atuará coautor ou mesmo fiscal da lei (*custus legis*).

Todavia, a posição daqueles contrários à legitimidade do Ministério Público para o inquérito e a ação civil pública decorrentes de atos de improbidade, têm por fundamento o fato da Lei 8.429 definir o rito ordinário para referidas ações, e não aquele previsto na Lei nº 7.347/85.

Ademais, ter-se-ia a ação popular como o instrumento para a defesa do patrimônio público, com legitimidade para qualquer cidadão.

Desta forma, ao se aplicar a Ação Civil Pública manejada pelo *Parquet* com fundamento na Lei de Improbidade, há de ocorrer a necessária adequação da Lei nº 7.347/85 com os requisitos da Ação de Improbidade, regulada pela Lei nº 8.429/92. Deste modo, aduzem a vedação da combinação de uma lei com outra, caso em que, desse modo, haveria um *tertium genus*, não vislumbrado pelo legislador.

Tal entendimento, contudo, não se afigura como o mais correto, pois significaria dar maior importância ao direito processual em detrimento do direito material, não se podendo olvidar que o *direito processual, em síntese, serve como um instrumento a serviço do direito material, com a finalidade de sua implementação, não deve servir para tolher o seu exercício, muito pelo contrário, pois sua função primordial é de implementá-lo e dar-lhe efetividade.*

Postas tais considerações iniciais, no que pertine à jurisprudência, o Supremo Tribunal Federal e o Superior Tribunal de Justiça são pacíficos no sentido de se admitir a legitimidade do Ministério Público para propor ações civis públicas que versem acerca de improbidade administrativa.

Deveras, o entendimento daqueles que reputam a sua possibilidade é o mais correto, mesmo porque para a defesa do erário público o Ministério

---

99 VICENTE, Paulo; ALEXANDRINO, Marcelo. *Direito constitucional descomplicado*. 4ª.ed. Rio de Janeiro, Método, 2009.

Público assume uma função essencial, e tal importância encontra-se expressa em diversos dispositivos legais e na própria Constituição Federal.

Neste sentido, faz-se necessário uma análise dos dispositivos legais e constitucionais que tratam do tema. Assim, a Magna Carta define o Ministério Público no seguinte sentido:

> Art. 127 O Ministério Público é instituição permanente, essencial à função jurisdicional do Estado, incumbindo-lhe a defesa da ordem jurídica, do regime democrático e dos interesses sociais e individuais indisponíveis.

Ademais, o raciocínio para tal entendimento emana do próprio conteúdo do disposto no art. 129, III, da Constituição Federal, segundo o qual:

> Art. 129. São funções institucionais do Ministério Público:
>
> (...)
>
> III – promover o inquérito civil e a ação civil pública, para a proteção do patrimônio público e social, do meio ambiente e de outros interesses difusos e coletivos.

Logo a defesa e proteção do patrimônio público encontra-se expressa dentre as funções institucionais do *Parquet*.

Por sua vez, a Lei Orgânica Nacional do Ministério Público (Lei 8625/93) assim disciplina as funções da entidade:

> Art. 25. Além das funções previstas nas Constituições Federal e Estadual, na Lei Orgânica e em outras leis, incumbe, ainda, ao Ministério Público:
>
> IV – promover o inquérito civil e a ação civil pública, na forma da lei:
>
> b) para a anulação ou declaração de nulidade de atos lesivos ao patrimônio público ou à moralidade administrativa do Estado ou de Município, de suas administrações indiretas ou fundacionais ou de entidades privadas de que participem.

Por fim, a própria Lei de Improbidade Administrativa (8.429/92) dispõe nos artigos 16 e 17, § 4°, acerca da legitimidade do *Parquet*.[100]

---

[100] Art. 16. Havendo fundados indícios de responsabilidade, a comissão representará ao Ministério Público ou à procuradoria do órgão para que requeira ao juízo competente a decretação do sequestro dos bens do agente ou terceiro que tenha enriquecido ilicitamente ou causado dano ao patrimônio público.

Neste sentido, é a posição majoritária da doutrina, com os seguintes exemplos:

> A ação civil pública é o instrumento processual adequado conferido ao Ministério Público para o exercício do controle popular sobre os atos dos poderes públicos, exigindo tanto a reparação do dano causado ao patrimônio por ato de improbidade quanto à aplicação das sanções do art. 37, § 4º, da Constituição Federal, previstas ao agente público, em decorrência de sua conduta irregular. (...) Torna-se, pois, indiscutível a adequação dos pedidos de aplicação das sanções previstas para ato de improbidade à ação civil pública, que se constitui nada mais do que uma mera denominação de ações coletivas, às quais por igual tendem à defesa de interesses meta-individuais. Assim, não se pode negar que a Ação Civil Pública se trata da via processual adequada para a proteção do patrimônio público, dos princípios constitucionais da administração pública e para a repressão de atos de improbidade administrativa, ou simplesmente atos lesivos, ilegais ou imorais, conforme expressa previsão do art. 12 da Lei 8.429/92 (de acordo com o art. 37, § 4º, da Constituição Federal e art. 3º da Lei n.º 7.347/85).[101]

> O Ministério Público é o fiscal institucional por excelência, que torna possível o controle pelo Estado-juiz das condutas administrativas suscetíveis de lesionar o Erário ou que atentem contra os princípios constitucionais da Administração. Se é fiscal da lei, se é guardião da ordem jurídica dotado de autonomia, nada mais natural que seja 'custos' da Administração Pública, visando preservar-lhe a integridade material, legal e moral, mediante o exercício responsável e amplo da investigação (procedimento administrativo ou inquérito civil) e da propositura de ação civil de improbidade administrativa.[102]

> Quando o Ministério Público defende o patrimônio público em juízo, em nada contraria sua natureza institucional, se será de todo ilógico que

---

Art. 17. A ação principal, que terá o rito ordinário, será proposta pelo Ministério Público ou pela pessoa jurídica interessada, dentro de trinta dias da efetivação da medida cautelar.

(...)

4º O Ministério Público, se não intervir no processo como parte, atuará obrigatoriamente, como fiscal da lei, sob pena de nulidade.

101 MORAES, Alexandre de. *Direito Constitucional.* 9ª ed., p. 333-334.
102 PAZZAGLINI FILHO, Marino. *Lei de improbidade administrativa comentada: aspectos constitucionais, administrativos, civis, criminais, processuais e de responsabilidade fiscal.* 3ª ed. São Paulo: Atlas, 2006. p. 205.

a Constituição e as leis legitimassem um único cidadão para defender o patrimônio de todos, mas negasse, essa possibilidade ao Ministério Público, encarregado que é de defender toda a coletividade.[103]

Ainda antes do advento da Lei número 8.429/92, já era possível ao Ministério Público instaurar o inquérito civil público ou promover ação civil pública com o objetivo de apurar enriquecimento ilícito dos administradores públicos, na medida em que se permitia a defesa judicial de 'qualquer interesse coletivo ou difuso', v.g., o patrimônio público latu sensu, desde o advento da Constituição de 1988 (art. 129, III) e da Lei número 8.078/90 (cujo art. 110 acrescentou o inciso IV ao art. 1º da Lei número 7.347/85).[104]

O Órgão do Ministério Público, a par da amplitude de conceito e sua área de atuação estabelecidos no artigo 127 da Constituição federal, tem dentre outras funções institucionais, a contida no inciso III, do art. 129, CF, qual seja, promover a ação civil pública para a proteção do patrimônio público e social. Como se vê, com a cristalinidade da água que brota da rocha, é a própria Lei Maior, em seu inciso III, art. 129, que determina ao Ministério Público o dever de zelar pelo patrimônio público e social, pelo meio ambiente, promovendo, para tanto, o inquérito civil e a ação civil pública.[105]

O Ministério Público tem, portanto, legitimidade para ingressar com ação civil pública na defesa de "qualquer outro interesse difuso ou coletivo" (art. 1º, n. IV, LACP). Entre outros, são exemplos de interesse difuso ou coletivo: [...] i) a proteção do patrimônio público contra o enriquecimento ilícito de agente ou servidor público (Lei n. 8.429/92).106

Logo, amplamente majoritária a legitimidade do Ministério Público para a ação de improbidade administrativa.

Outrossim, no Egrégio Tribunal de Justiça do Estado de São Paulo a questão fora abordada inúmeras vezes, de modo que bem sintetiza a questão o D. Desembargador Sidney Romano dos Reis, *in albis*:

---

103 MAZZILI, Hugo Nigro. *A defesa dos interesses difusos em juízo*. São Paulo; Editora Saraiva, 2008, p. 208.

104 OSÓRIO, Fábio Medina. *Improbidade Administrativa – Observações sobre a Lei 8.429/92*. Porto Alegre, Editora Síntese, 1998, p. 232.

105 ROSA, Alexandre. Improbidade Administrativa e Lei de Responsabilidade Fiscal. Editora Habitus, 2001.

106 Ação Civil Pública, coordenador Edis Milaré. São Paulo: Revista dos Tribunais, 1995. p. 357.

Também não restam dúvidas de que detém sim o Ministério Público legitimidade para ajuizar ação civil pública para a defesa do patrimônio público lesado pelos réus. A legitimidade ativa do Ministério Público para a ação civil pública fundada na inidoneidade administrativa, superada pequena dissensão ao início da vigência das leis de regência, já é absolutamente firmada pela doutrina e jurisprudência, de maneira que a alegação resta afastada. Com efeito, na anotação, em síntese, de Nelson Nery Junior e Rosa Maria Andrade Nery, *a legitimidade do MP decorre da CF 129 III*, não podendo a lei infraconstitucional modificá-la. O MP pode ajuizar qualquer tipo de ação na defesa do patrimônio público e social e não apenas a de reparação do ano. A pessoa jurídica de direito público interessada também tem legitimidade para propositura da ação de indenização (*Código de Processo Civil Comentado*. 7 ed. São Paulo: Revista dos Tribunais, 2003, p. 1510, Nota 1 ao art. 17 da Lei n. 8429/92). A legitimidade do Parquet encontra amparo legal no artigo 129 da Constituição Federal, no artigo 5º, inciso I, da Lei nº 7.347/85, no artigo 17 da Lei nº 8.429/92 e no artigo 25, inciso IV, alíneas "a" e "b" da Lei 8.625/93 (Lei Orgânica Nacional do Ministério Público).[107]

Da mesma sorte, reiterada jurisprudência do Superior Tribunal de Justiça e do Supremo Tribunal Federal atestam a plena viabilidade do órgão do *Parquet*:

> O Ministério Público é instituição permanente, essencial à função jurisdicional do Estado, incumbindo-lhe a defesa da ordem jurídica, do regime democrático e dos interesses sociais e individuais indisponíveis" (art. 127 da CF). "São funções institucionais do Ministério Público: III – promover o inquérito civil e a ação civil pública, para a proteção do patrimônio público e social, do meio ambiente e de outros interesses difusos e coletivos; IX – exercer outras funções que lhe forem conferidas, desde que compatíveis com sua finalidade, sendo-lhe vedada a representação judicial e a consultoria jurídica de entidades públicas" (art. 129 da CF). É imprescindível considerar a natureza indisponível do interesse ou direito individual homogêneo – aqueles que contenham relevância pública, isto é, de expressão para a coletividade – para estear a legitimação extraordinária do Ministério Público, tendo em vista a sua vocação constitucional para a defesa dos direitos fundamentais. O direito à saúde, como elemento essencial à dignidade da pessoa humana, insere-se no rol daqueles direitos cuja tutela pelo Ministério Público interessa à sociedade, ainda que em favor de pessoa determinada.

---

[107] Processo 0179850-73.2007.8.26.0000; Tribunal de Justiça do Estado de São Paulo; 6ª Câmara de Direito Público; Relator Sidney Romano dos Reis; Julgado em 06.02.2012.

Os arts. 21 da Lei da Ação Civil Pública e 90 do CDC, como normas de envio, possibilitaram o surgimento do denominado Microssistema ou Minissistema de proteção dos interesses ou direitos coletivos amplo senso, no qual se comunicam outras normas, como o Estatuto do Idoso e o da Criança e do Adolescente, a Lei da Ação Popular, a Lei de Improbidade Administrativa e outras que visam tutelar direitos dessa natureza, de forma que os instrumentos e institutos podem ser utilizados com o escopo de "propiciar sua adequada e efetiva tutela" (art. 83 do CDC). Recurso especial provido para determinar o prosseguimento da ação civil pública.[108]

---

[108] Processo 695.396/RS; Tribunal de Justiça do Estado de São Paulo; Relator Ministro Arnaldo Esteves Lima; Julgado em 12.04.2011.

Ver, também:

AÇÃO CIVIL PÚBLICA. LEGITIMIDADE. MINISTÉRIO PÚBLICO. DANO AO ERÁRIO PÚBLICO. 1. Ausência de prequestionamento que induz ao não-conhecimento do recurso. 2. A matéria constitucional é insuscetível de apreciação pelo STJ. 3. O Ministério Público é parte legítima para promover Ação Civil Pública visando ao ressarcimento de dano ao erário público. 4. O Ministério público, por força do art. 129, III, da CF/88, é legitimado a promover qualquer espécie de ação na defesa do patrimônio público social, não se limitando à ação de reparação de danos. Destarte, nas hipóteses em que não atua na condição de autor, deve intervir como *custos legis* (LACP, art. 5º, § 1º; CDC, art. 92; ECA, art. 202 e LAP, art. 9º). 5. A carta de 1988, ao evidenciar a importância da cidadania no controle dos atos da administração, com a eleição dos valores imateriais do art. 37, da CF como tuteláveis judicialmente, coadjuvados por uma série de instrumentos processuais de defesa dos interesses transindividuais, criou um microssistema de tutela de interesses difusos referentes à probidade da administração pública, nele encartando-se a Ação Popular, a Ação Civil Pública e o Mandado de Segurança Coletivo, como instrumentos concorrentes na defesa desses direitos eclipsados por cláusulas pétreas. 6. Em consequência, legitima-se o Ministério Público a toda e qualquer demanda que vise à defesa do patrimônio público sob o ângulo material (perdas e danos) ou imaterial (lesão à moralidade). 7. A nova ordem constitucional erigiu um autêntico 'concurso de ações' entre os instrumentos de tutela dos interesses transindividuais e, *a fortiori* , legitimou o Ministério Público para o manejo dos mesmos. 8. A lógica jurídica sugere que legitimar-se o Ministério Público como o mais perfeito órgão intermediário entre o Estado e a sociedade para todas as demandas transindividuais e interditar-lhe a iniciativa da Ação Popular, revela *contraditio in terminis*. 9. Interpretação histórica justifica a posição do MP como legitimado subsidiário do autor na Ação Popular quando desistente o cidadão, porquanto à época de sua edição, valorizava-se o *parquet* como guardião da lei, entrevendo-se conflitante a posição de parte e de *custos legis*.

Em síntese, o Ministério Público é um dos principais atores para a defesa dos postulados estabelecidos pela Constituição Federal, não por outro motivo que Paulo Bonavides o declara ser a Constituição em ação, de modo que o erário público representa patente interesse coletivo, de forma que ceifar a possibilidade de proteção a tal direito em Juízo significaria prejudicar a própria missão constitucional do *Parquet*.

---

10. Hodiernamente, após a constatação da importância e dos inconvenientes da legitimação isolada do cidadão, não há mais lugar para o veto da *legitimatio ad causam* do MP para a Ação Popular, a Ação Civil Pública ou o Mandado de Segurança coletivo. 11. Os interesses mencionados na LACP acaso se encontrem sob iminência de lesão por ato abusivo da autoridade podem ser tutelados pelo *mandamus* coletivo. 12. No mesmo sentido, se a lesividade ou a ilegalidade do ato administrativo atingem o interesse difuso, passível é a propositura da Ação Civil Pública fazendo as vezes de uma Ação Popular multilegitimária. 13. As modernas leis de tutela dos interesses difusos completam a definição dos interesses que protegem. Assim é que a LAP define o patrimônio e a LACP dilargou-o, abarcando áreas antes deixadas ao desabrigo, como o patrimônio histórico, estético, moral, etc. 14. A moralidade administrativa e seus desvios, com consequências patrimoniais para o erário público enquadram-se na categoria dos interesses difusos, habilitando o Ministério Público a demandar em juízo acerca dos mesmos. 15. O STJ já sedimentou o entendimento no sentido de que o julgamento antecipado da lide, não implica cerceamento de defesa, se desnecessária a instrução probatória, máxime a consistente na oitiva de testemunhas. *In casu*, os fatos relevantes foram amplamente demonstrados mediante prova documental conclusiva. Releva notar, por oportuno, que a não-produção de provas deveu-se por culpa exclusiva da Recorrente, que, instada a se manifestar sobre a documentação, quedou-se inerte, muito embora a causa petendi tenha sido elucidada pela prova documental existente nos autos e insindicável nesta via (Súmula 07). 16. Recurso Especial parcialmente conhecido e improvido. (REsp 401.964/RO; *Superior Tribunal de Justiça;* 1ª Turma; Relator Ministro Luiz Fux; DJE 11.11.2002)

EMENTA: CONSTITUCIONAL. MINISTÉRIO PÚBLICO. AÇÃO CIVIL PÚBLICA PARA PROTEÇÃO DO PATRIMÔNIO PÚBLICO. ART. 129, III, DA CF. Legitimação extraordinária conferida ao órgão pelo dispositivo constitucional em referência, hipótese em que age como substituto processual de toda a coletividade e, consequentemente, na defesa de autêntico interesse difuso, habilitação que, de resto, não impede a iniciativa do próprio ente público na defesa de seu patrimônio, caso em que o Ministério Público intervirá como fiscal da lei, pena de nulidade da ação (art. 17, §4º, da Lei nº 8.429/92). Recurso não conhecido. (RE 208.790. Supremo Tribunal Federal. Relator Ministro Ilmar Galvão, Plenário, DJE 15.12.2000).

Com efeito, a Constituição Federal de 1988 alargou o campo de atuação da entidade, legitimando-o a promover o inquérito civil e a ação civil pública para a proteção do patrimônio público e social, do meio ambiente e de outros direitos difusos e coletivos, segundo estabelece o art. 129, III, da Constituição Cidadã.

Deveras, segundo indigitado artigo, o Ministério Público está legitimado a defender os interesses transindividuais, ou seja, difusos, coletivos e individuais homogêneos, e neles se adentra a proteção ao erário público.

Ademais, caso haja a opção pela utilização da Ação Civil Pública como meio protetivo, o inciso IV do art. 1.º da Lei n.º 7.347/85 legitima o Ministério Público à propositura da ação civil pública em defesa de qualquer interesse difuso ou coletivo, de modo que clarividente o patrimônio público constar neste rol.

Outrossim, existe um duplo benefício à coletividade nesta atuação do *Parquet*, eis que ao mesmo tempo em que tutela a moralidade administrativa, também zela pela integridade patrimonial do ente público, com clarividente interesse à coletividade e finalidade do devido ressarcimento e indenização ao órgão estatal.

Por fim, vale ressaltar que a legitimidade do *Parquet* já fora assentada mesmo antes da Constituição de 1988, consoante reiterados julgados do Superior Tribunal de Justiça e, para tanto, cita-se um *decisum* do D. Ministro Luiz Fux:

> O Ministério Público ostenta legitimidade ad causam para a propositura de ação civil pública objetivando o ressarcimento de danos ao erário, decorrentes de atos de improbidade, ainda que praticados antes da vigência da Constituição Federal de 1988, em razão das disposições encartadas na Lei 7.347/85. Precedentes do STJ: REsp 839650/MG, SEGUNDA TURMA, DJe 27/11/2008; REsp 226.912/MG, SEXTA TURMA, DJ 12/05/2003; REsp 886.524/SP, SEGUNDA TURMA, DJ 13/11/2007; REsp 151811/MG, SEGUNDA TURMA, DJ 12/02/2001.[109]

Portanto, o maior celeuma e preocupação não consiste em si no ponto concernente à legitimidade ativa do *Parquet* para a propositura da ação de improbidade, mas no fato de que tal ação seja efetivada realmente com a finalidade de proteção ao erário, e não tenha por plano de fundo meramente disputas políticas e finalidades eleitoreiras, ou mesmo pela pressão advinda pela opinião pública.

---

109 *REsp 1.089.492/RO; Superior Tribunal de Justiça; 1ª Turma; Relator Ministro Luiz Fux; DJE 18.11.2010.*

Neste sentido, vale lembrar que

> A ânsia desmesurada em punir o administrador público com uma pena exemplar é resultado da pressão da mídia ou da opinião pública, o que tem tornado a Lei de Improbidade Administrativa um perigoso instrumento de vingança, cuja incidência, com menoscabo a garantias individuais, produtos de uma árdua e longa conquista histórica, constitui grave retrocesso ao Estado Democrático de Direito.[110]

Não diversa é a doutrina de Maria Sylvia Zanella Di Pietro:

> *Por isso mesmo, a aplicação da lei de improbidade exige bom-senso, pesquisa da intenção do agente, sob pena de sobrecarregar inutilmente o Judiciário com questões irrelevantes, que podem ser adequadamente resolvidas na própria esfera administrativa.*[111]

Em suma, assentada a legitimidade do Parquet, deve-se salientar que tal instrumento precisa ser usado com parcimônia, com respeito a direitos fundamentais, pois muitas vezes trazem como plano de fundo simplesmente uma disputa política, com um caráter nitidamente eleitoral para "manchar" a imagem de outrem em uma fase eleitoral, de sorte que o princípio basilar da INOCÊNCIA precisa ser efetivamente respeitado.

---

[110] CAPEZ, Fernando. *Limites Constitucionais à Lei de Improbidade*. São Paulo: Saraiva, 2.010, p. 297.

[111] Maria Sylvia Zanella Di Pietro. *Direito Administrativo*, 22ª ed., São Paulo: Atlas, pg. 821/823.

10

AÇÃO CIVIL PÚBLICA COMO INSTRUMENTO PROCESSUAL DE APLICAÇÃO DA LEI DE IMPROBIDADE ADMINISTRATIVA

Outro tema recorrente e controverso concerne à utilização da Ação Civil Pública como instrumento processual para a consecução dos fins perseguidos pela Lei de Improbidade Administrativa.

Neste contexto, a Lei da Ação Civil Pública, que que tutela interesses difusos e coletivos, zela necessariamente pela preservação do patrimônio público.

Com efeito, segundo retrata a Lei da Ação Civil Pública:

> Art. 1º Regem-se pelas disposições desta Lei, sem prejuízo da ação popular, as ações de responsabilidade por danos morais e patrimoniais causados:
>
> (...)
>
> V – a qualquer outro interesse difuso ou coletivo.

Logo, depreende-se, como consectário, que tanto a Lei de Improbidade Administrativa quanto a Lei da Ação Civil Pública resguardam e tutelam o patrimônio público.

Neste sentido, vale a lição de Rogério Pacheco Alves e Emerson Garcia, nos seguintes moldes:

> Se considerarmos que a Lei nº 8.429/92 compõe, ao lado de outros instrumentos constitucionais e infraconstitucionais, o amplo sistema de tutela do patrimônio público, interesse difuso, a possibilidade de manejo da ação civil pública na improbidade, quer pelo Ministério Público, quer pelos demais colegitimados, torna-se clara. Claríssima, de *lege lata*, em razão da regra contida no art. 129, III, e § 1º, da Constituição Federal, o que a nosso juízo, torna até desimportante a discussão sob o enfoque meramente pragmático. Equivocada, assim, data vênia, a assertiva do descabimento da ação civil pública com vistas ao ressarcimento dos danos causados ao erário e à aplicação das sanções

do art. 12 da Lei nº 8.429/92 em razão do suposto rito especial adotado pela Lei nº 7.347/85.[112]

Deveras, aqueles que pregam a impossibilidade de utilização de indigitada ação, suscitam que as penalidades estatuídas são diversas, razão pela qual haveria incompatibilidade da utilização da Ação Civil Pública como meio processual para resguardar o erário.

Nestes moldes, vale ressaltar que o art. 3º da Lei da Ação Civil Pública prevê como cominações a "condenação em dinheiro ou o cumprimento de obrigação de fazer ou não fazer". Por sua vez, quanto ao disposto no art. 12 da Lei de Improbidade Administrativa, elenca como sanções as seguintes cominações: ressarcimento integral do dano, se houver; perda da função pública; suspensão dos direitos políticos; pagamento de multa civil e proibição de contratar com o Poder Público ou receber benefícios ou incentivos fiscais ou creditícios, direta ou indiretamente, ainda que por intermédio de pessoa jurídica da qual seja sócio majoritário.

Todavia, este fato não é suficiente para o óbice à utilização da LIA como forma de tutelar o patrimônio público, eis que conforme elucidam inúmeros doutrinadores e jurisprudência, a Ação Civil Pública seria plenamente admissível desde que houvesse a adequação das correlatas penalidades previstas na Lei de Improbidade.

Entendimento em sentido oposto significaria a inversão da finalidade do direito processual, que é dar efetividade ao direito material, caso em que a questão procedimental ensejaria, necessariamente, obstaculizar a aplicação do direito material.

Deveras, tal entendimento não se afigura como o mais correto, pois o *direito processual serve como um instrumento a serviço do direito material, e não deve servir para tolher o seu exercício, pois sua função é justamente de implementá-lo e dar-lhe efetividade.*

Igualmente, sustentam como óbice à Ação Civil Pública o fato de que os ritos serem distintos, porquanto na Lei de Improbidade há uma fase prévia de defesa ao suposto acusado, o que novamente ensejaria uma distinção dos ritos previstos em ambas as leis.

---

112 ALVES, Rogério Pacheco; GARCIA, Emerson. *Improbidade Administrativa.* 2ª ed., Rio de Janeiro; Editora Lumen Juris, 2004, p. 574.

Neste jaez, assim preconiza o art. 17, nos § 7º, 8º e 9º, segundo os quais antes da citação deverá ser feita uma prévia defesa por parte do acusado para a continuidade da ação.[113]

Trata-se de medida salutar, eis que a instauração de tal cautela procedimental visa justamente a coibir cominação injustas ou descabidas perante a opinião pública, especialmente com nítido enfoque eleitoral, para "sujar a imagem" de outrem em períodos em que a opinião pública é de suma importância, em clarividente afronta ao princípio constitucional da inocência.

Ainda neste cenário, as alegações não comportam guarida pelo mesmo raciocínio citado alhures, no sentido de prioridade ao direito material que é a proteção ao erário, à *res publica*, em detrimento do direito processual, que se afigura meramente instrumental àquele.

Logo, a tendência majoritária, tanto na doutrina quanto na jurisprudência, é no sentido da admissibilidade da Ação Civil Pública como instrumento para tutelar o disposto na Lei de Improbidade Administrativa.

Esta divergência fora bem esposada pela D. Ministra Denise Arruda, bem como indicando a posição majoritária no caso em tela:

> A questão a ser dirimida por esta Corte Superior exige a análise da adequação/compatibilidade do ajuizamento de ação civil pública contra atos de improbidade administrativa. O tema ainda é controvertido na doutrina, com respeitáveis posicionamentos contra a possibilidade de aplicação da Lei da Ação Civil Pública (Lei 7.347/85) nas hipóteses de ação de improbidade administrativa (Lei 8.429/92), em face da incompatibilidade dos ritos previstos nas referidas leis, dentre outros argumentos (v.g. *José dos Santos Carvalho Filho, em "Ação Civil Pública", Ed. Lumen Juris, 4ª edição, 2004, págs. 111/117 ; Hely Lopes Meirelles, em "Mandado de Segurança", Ed. Malheiros, 2004, 27ª edição, atualizada e complementada por Arnoldo Wald e Gilmar Ferreira Mendes, págs. 206/209; Francisco Octavio de Almeida Prado, em "Improbidade Administrativa", Ed. Malheiros, 2002, págs. 180/198).* Entretanto, a orientação majoritária

---

113 § 7º Estando a inicial em devida forma, o juiz mandará autuá-la e ordenará a notificação do requerido, para oferecer manifestação por escrito, que poderá ser instruída com documentos e justificações, dentro do prazo de quinze dias.

§ 8º Recebida a manifestação, o juiz, no prazo de trinta dias, em decisão fundamentada, rejeitará a ação, se convencido da inexistência do ato de improbidade, da improcedência da ação ou da inadequação da via eleita.

§ 9º Recebida a petição inicial, será o réu citado para apresentar contestação.

admite a ação civil pública objetivando a reparação de dano causado ao patrimônio público por atos de improbidade. Tal entendimento advém do art. 129, III, da Constituição Federal, que atribui ao Ministério Público a função institucional de *"promover o inquérito civil e a ação civil pública, para a proteção do patrimônio público e social, do meio ambiente e de outros interesses difusos e coletivos"*. Indiscutivelmente, a proteção do patrimônio público envolve o combate à improbidade administrativa, consideração que, por si só, autoriza o ajuizamento de ação civil pública pelo Ministério Público contra os atos lesivos ao erário. *Efetivamente, as particularidades contidas na Lei 8.429/92 devem ser aplicadas sistematicamente com as normas previstas na Lei 7.347/85, de modo que não ocorra a incompatibilidade dos procedimentos e cominações específicas previstos na Lei de Improbidade Administrativa.*[114]

Neste jaez é a doutrina de Maria Sylvia Zanella Di Pietro:

> Vem se firmando o entendimento de que a ação judicial cabível para apurar e punir os atos de improbidade tem a natureza de ação civil pública, sendo-lhe cabível, no que não contrariar disposições específicas da lei de improbidade, a Lei 7.347, de 24-7-85. É sob essa forma que o Ministério Público tem proposto as ações de improbidade administrativa, com aceitação da jurisprudência (...). Essa conclusão encontra fundamento no artigo 129, inciso III, da Constituição Federal, que ampliou os objetivos da ação civil pública, em relação à redação original da Lei 7.347, que somente a previa em caso de dano ao meio ambiente, ao consumidor, a bens e direitos de valor artístico, estético, histórico, turístico e paisagístico. O dispositivo constitucional fala em ação civil pública 'para proteção do patrimônio público e social, do meio ambiente e de outros interesses difusos e coletivos'. Em consequência, o artigo 1º da Lei nº 7.347/85 foi acrescido por um inciso, para abranger as ações de responsabilidade por danos causados 'a qualquer outro interesse difuso ou coletivo'. Aplicam-se, portanto, as normas da Lei nº 7.347/85, no que não contrariarem dispositivos expressos da lei de improbidade.[115]

Da mesma sorte, Alexandre de Morais sustenta que:

> A ação civil pública é o instrumento processual adequado conferido ao Ministério Público para o exercício do controle popular sobre os atos dos poderes públicos, exigindo tanto a reparação do dano causado ao

---

114 REsp 515.554 /MA; Superior Tribunal de Justiça; 2ª Turma; Relatora Ministra Denise Arruda; Julgado em 18.05.2006.

115 DI PIETRO, Maria Sylvia Zanella. *Direito Administrativo*. 13ª ed. São Paulo, Editora Atlas, p. 693.

patrimônio público por ato de improbidade, quanto a aplicação das sanções do art. 37, § 4º, da Constituição Federal, previstas ao agente público, em decorrência de sua conduta irregular.

O art. 129, III, da Constituição Federal, estabelece como uma das funções institucionais do Ministério Público a promoção do inquérito civil e da ação civil pública, para proteção do patrimônio público e social, do meio ambiente e de outros interesses difusos e coletivos.

Essa disposição constitucional ampliou o rol previsto no art. 1º, inciso IV, da Lei Federal nº 7.347/85, para incluir a defesa, por meio de ação civil pública, de interesses transindividuais, possibilitando a fixação de responsabilidade (ressarcimento ao erário; perda do mandato; suspensão dos direitos políticos; aplicação de multas) por prejuízos causados não só aos interesses expressamente nela previstos, mas também quaisquer outros de natureza difusa ou coletiva, sem prejuízo da ação popular. Entre estes outros interesses não previstos na lei citada, destaca-se a defesa do patrimônio público, da moralidade administrativa, ambos de natureza indiscutivelmente difusas.

A Lei Federal nº 7.347/85 é norma processual geral para a tutela de interesses supraindividuais, aplicando-se a todas as outras leis destinadas a defesa desses interesses, como a Lei Federal nº 8.429/92, conforme artigos 17 e 21. Esta disposição integra-se ao art. 83 da Lei Federal nº 8.078/90 (Código de Defesa do Consumidor), que determina a admissão de qualquer pedido para tornar adequada e efetiva a tutela aos interesses transindividuais, ou seja, possibilita a formulação de qualquer espécie de pedido de provimento jurisdicional, desde que tenha por objetivo resguardar defesa do interesse em jogo.

Note-se, igualmente, que os arts. 110 e 117, da referida Lei nº 8.078/90, inseriram na Lei da Ação Civil Pública (Lei nº 7.347/85) o inciso IV do art. 1º e o art. 21, estendendo, de forma expressa, o que a Constituição Federal havia estendido de maneira implícita, ou seja, o alcance da ação civil pública à defesa de todos os interesses difusos.

O referido inciso IV do art. 1º, introduzido no texto da Lei da Ação Civil Pública, cuida de uma norma de encerramento, exemplificativa, que se aplica a todo e qualquer direito ou interesse difuso, coletivo ou individual tratado coletivamente, ao passo que o art. 21 possibilita não apenas pedido de condenatório ou cautelar, mas qualquer pedido, de qualquer natureza.

Torna-se, pois, indiscutível a adequação dos pedidos de aplicação das sanções previstas para ato de improbidade à ação civil pública, que constitui nada mais do que uma mera denominação das ações coletivas, as quais por igual tendem à defesa de interesses meta-individuais.

Assim, não se pode negar que a Ação Civil Pública se trata de via processual adequada para a proteção do patrimônio público, dos princípios constitucionais da administração pública e para a repressão de atos de improbidade administrativa, ou simplesmente atos lesivos, ilegais ou imorais, conforme expressa previsão no art. 12 da Lei n° 8.429/92 (de acordo com o art. 37, § 4°, da Constituição Federal) e art. 3° da Lei Federal n° 7.347/85.[116]

Com efeito, tal entendimento advém do art. 129, III, da Constituição Federal, que atribui ao Ministério Público a função institucional de "promover o inquérito civil e a ação civil pública, para a proteção do patrimônio público e social, do meio ambiente e de outros interesses difusos e coletivos".

Isto Posto, as particularidades contidas na Lei 8.429/92 devem ser aplicadas conjuntamente com as normas previstas na Lei 7.347/85, com a finalidade de se aferir a plena compatibilidade dos procedimentos e cominações específicas previstos na Lei de Improbidade Administrativa.

Por fim, assentadas várias posições da doutrina acerca do tema, reiteradas posições jurisprudenciais do E. Superior Tribunal de Justiça também ratificam a posição de compatibilidade procedimental da Ação Civil Pública:

> PROCESSUAL CIVIL. AÇÃO CIVIL PÚBLICA. ATO DE IMPROBIDADE ADMINISTRATIVA. COMPATIBILIDADE. 1. É perfeitamente compatível a utilização de ação civil pública com fundamento na Lei de Improbidade Administrativa. 2. Recurso especial não provido.[117]

---

116 MORAES, Alexandre de. *Direito Constitucional*. 12ª edição, São Paulo, Editora Atlas, p. 344-345.

117 REsp 1015498/SC; Superior Tribunal de Justiça; 2ª Turma; Relator Ministro Castro Meira; Julgado em 15.04.2008. Ver, também:

PROCESSUAL CIVIL – CUMULAÇÃO DA AÇÃO CIVIL PÚBLICA COM AÇÃO DE REPARAÇÃO DE DANOS – POSSIBILIDADE. 1. A ação civil pública, regulada pela Lei 7.347/85, pode ser cumulada com pedido de reparação de danos por improbidade administrativa, com fulcro na Lei 8.429/92 – Precedentes desta Corte. 2. Recurso especial improvido. (REsp 434.661/MS; Superior Tribunal de Justiça; 2ª Turma; Relatora Ministra Eliana Calmon; DJE 25.8.2003)

PROCESSO CIVIL. RECURSO ESPECIAL. AÇÃO CIVIL PÚBLICA. IMPROBIDADE ADMINISTRATIVA. COMPATIBILIDADE DAS AÇÕES.

Em suma, conforme toda a explanação pretérita, a opinião deste autor é pela plena compatibilidade da Lei de Improbidade Administrativa à Lei da Ação Civil Pública, ressaltando a intenção máxima de resguardo do patrimônio público.

Neste sentido, também de plena importância a aplicação da denominada Teoria do Diálogo das Fontes, que visa justamente uma nova metodologia quando da existência de conflitos entre diversas normas, com a finalidade de preservação e coexistência de ambas, não mais adstrito somente à metodologia tradicional de hermenêutica e solução de conflitos através dos critérios de especialidade, temporal e hierárquico.

Trata-se de modalidade com o escopo de se manter integridade do sistema, porquanto não haverá necessariamente a anulação de uma norma pela outra, mas a coexistência de ambas. Isto porque, é cediço que não raras vezes, na aplicação do direito, há a concomitância de uma série de comandos normativos contraditórios e conflitantes entre si, e justamente neste cenário de insegurança jurídica, quando as Fontes do Direito entram em rota de colisão entre si, emerge-se esta teoria construtiva de hermenêutica.

ART. 6º DA LEI N. 8.906/1994. AUSÊNCIA DE PREQUESTIONAMENTO. SÚMULA N. 211 DO STJ. 1 É cabível a propositura de ação civil pública por ato de improbidade administrativa, tendo em vista a natureza difusa do interesse tutelado. Mostra-se lícita, também, a cumulação de pedidos de natureza condenatória, declaratória e constitutiva pelo Parquet por meio dessa ação. 2. Recurso especial improvido. (REsp 507.142/MA; Superior Tribunal de Justiça; 2ª Turma; Relator Ministro João Otávio de Noronha; DJE 13.3.2006)

AGRAVO REGIMENTAL – AGRAVO DE INSTRUMENTO – PROCESSO CIVIL – AÇÃO CIVIL PÚBLICA – LEGITIMIDADE ATIVA DO MINISTÉRIO PÚBLICO – PROTEÇÃO DO PATRIMÔNIO PÚBLICO -ACUSAÇÃO DE IMPROBIDADE ADMINISTRATIVA E ENRIQUECIMENTO ILÍCITO CONTRA EX-PREFEITO – TRIBUNAL DE ORIGEM DECIDIU A LIDE NO MESMO SENTIDO DA JURISPRUDÊNCIA DESTE SODALÍCIO. (...) No que concerne especificamente ao mérito do presente recurso, oportuna a adoção do entendimento exarado no seguinte julgado: 'a despeito de ser a ação civil pública, em razão de suas finalidades sociais, preponderantemente condenatória, implicando na obrigação de fazer ou não fazer, esta Corte tem-na admitido para defesa do erário. Precedentes' (Resp 78.916/SP, Rel. Min. Castro Meira, DJ 6.9.2004). Agravo regimental improvido. (AgRg no Ag 517.098/SP; Superior Tribunal de Justiça; 2ª Turma; Relator Ministro Franciulli Netto; DJE 8.8.2005)

Justamente, com base neste ensinamento, aduz Cláudia Lima Marques:

> Na pluralidade de leis ou fontes, existentes ou coexistentes no mesmo ordenamento jurídico, ao mesmo tempo, que possuem campos de aplicação ora coincidentes ora não coincidentes, os critérios tradicionais da solução dos conflitos de leis no tempo (Direito Intertemporal) encontram seus limites. Isto ocorre porque pressupõe a retirada de uma das leis (a anterior, a geral e a de hierarquia inferior) do sistema, daí propor Erik Jayme o caminho do "diálogo das fontes", para a superação das eventuais antinomias aparentes existentes entre o CDC e o CC/2002. (...) há mais convivência de leis com campos de aplicação diferentes, do que exclusão e clareza. Seus campos de aplicação, por vezes, são convergentes e, em geral diferentes, mas convivem e coexistem em um mesmo sistema jurídico que deve ser ressistematizado. O desafio é este, aplicar as fontes em diálogo de forma justa, em um sistema de direito privado plural, fluído, mutável e complexo.[118]

Portanto, feitas as adequações necessárias, é plena a compatibilidade de ambas as normas de tutela e defesa da *res publica*, nos moldes do assim exposto pela doutrina:

> Não se diga que a adoção do rito ordinário na ação principal (art. 17 da lei número 8.429/92) impede o entendimento de que a ação civil pública possui seus delineamentos básicos na Lei número 7.347/85. A ordinarização do rito procedimental apenas busca alargar o campo de defesa dos réus, proporcionando-lhes espaço mais amplo para o debate e a produção de provas. Não significa, portanto, afastamento de mecanismos processuais previstos expressamente na lei número 7.347/85. Veja-se que o Constituinte de 1988 quebrou o sistema anterior, no qual as ações civis públicas eram conferidas ao Ministério Público caso a caso, por leis expressas, ampliando tal titularidade, destinando a ação civil pública, agora, à proteção do patrimônio público e social, e de outros interesses coletivos e difusos, consagrando-se norma de extensão na própria Lei número 7.347/85. Não procede, pois, eventual alegação de que a ação civil pública da Lei número 8.429/92 seria absolutamente incompatível com o alcance da Lei número 7.347/85,

---

118 MARQUES, Cláudia Lima. Superação das antinomias pelo Diálogo das Fontes: o modelo brasileiro de coexistência entre o Código de Defesa do Consumidor e o Código Civil de 2002. *Revista da Escola Superior da Magistratura de Sergipe*, Aracaju, SE, v. 7, p. 15-54, 2004.

porquanto esta última contém cláusula que permite a sua utilização para a defesa do patrimônio público *latu sensu*.[119]

Em suma, por todo o exposto acima, a melhor posição é no sentido da admissibilidade da Ação Civil Pública como instrumento para tutelar o disposto na Lei de Improbidade Administrativa, mesmo porque com finalidade máxima de proteção ao erário público.

---

119 OSÓRIO, Fábio Medina. *Improbidade Administrativa – Observações sobre a Lei 8.429/92*. 2ª Edição Ampliada e Atualizada, Porto Alegre: Editora Síntese, 1998, p. 232

11

A INDISPONIBILIDADE DE BENS NA LEI DE IMPROBIDADE ADMINISTRATIVA

Outra questão pujante envolve a questão dos bens atingidos pela cautelar de indisponibilidade, especialmente no que tange a seu momento temporal.

Inicialmente vale consignar que segundo o art. 16, *caput*, da Lei nº 8.429/1992:

> Havendo fundados indícios de responsabilidade, a comissão representará ao Ministério Público ou à procuradoria do órgão para que requeira ao juízo competente a decretação do sequestro dos bens do agente ou terceiro que tenha enriquecido ilicitamente ou causado dano ao patrimônio público.

Justifica-se o sequestro/arresto de bens pela eventualidade de sua dilapidação, caso em que o correlato ressarcimento restaria mitigado. A indisponibilidade visa a garantir a efetividade e utilidade da decisão final na ação civil pública, caso haja condenação dos réus ao ressarcimento do erário.

Logo, ocorre a apreensão de bens, com um cunho nitidamente cautelar, com a finalidade de se assegurar a efetiva a futura execução de ressarcimento de bens ao erário.

Resta eficaz a necessidade do sequestro tendo em vista as possibilidades de dissipação, deterioração ou perda dos bens, caso em que a penalidade superveniente será tida por ineficaz, em prejuízo ao bem de todos.

Postas tais análises iniciais, resta a averiguação de quais bens encontram-se aptos ao sequestro.

Uma primeira vertente defende que a cautelar inominada poderá incidir sobre quaisquer bens, independentemente desses bens terem sido adquiridos antes ou depois da prática do ato tido por improbo.

Neste mesmo sentido, há diversas posições:

PROCESSUAL CIVIL E ADMINISTRATIVO – AÇÃO CIVIL PÚBLICA – INDISPONIBILIDADE DE BENS: ART. 7º E 16 DA LEI 8.429/92 – REQUISITOS DO FUMUS BONI IURIS E DO PERICULUM IN MORA – DECRETAÇÃO SOBRE BENS ADQUIRIDOS ANTES DOS ATOS SUPOSTAMENTE ÍMPROBOS: POSSIBILIDADE – ART. 535 DO CPC. ALEGADA VIOLAÇÃO: INEXISTÊNCIA. 1. Não ocorre ofensa ao art. 535 do CPC, se o Tribunal de origem decide, fundamentadamente, as questões essenciais ao julgamento da lide. 2. Para o exame da afronta do princípio da proporcionalidade e dos requisitos para a concessão liminar (parágrafo único do art. 7º da Lei n. 8.429/92), se faz necessário rever o conjunto probatório encartado nos autos, o que não é possível ante a jurisprudência sedimentada pela Súmula n. 7 do STJ. Precedente da 2ª Turma. 3. *Prevalece nesta Corte a tese de que a indisponibilidade pode alcançar bens adquiridos antes ou depois da suposta prática do ato ímprobo.* 4. A correta a interpretação do art. 16, § 2º, da Lei n. 8.429/92 revela que a lei, após autorizar o bloqueio de bens, aplicações financeiras e contas bancárias mantidas no Brasil, autorizam igual medida no exterior. 5. Recurso especial conhecido em parte e, nessa parte não provido.[120]

---

[120] REsp 535.967/RS, Rel. Ministra ELIANA CALMON, SEGUNDA TURMA, julgado em 21/05/2009, DJe 04/06/2009.

Ver, também:

ADMINISTRATIVO. IMPROBIDADE ADMINISTRATIVA. INDISPONIBILIDADE DE BENS. OMISSÃO NO ACÓRDÃO RECORRIDO. INEXISTÊNCIA. REQUISITOS PARA A DECRETAÇÃO DA LIMINAR. SÚMULA Nº 07/STJ. INDISPONIBILIDADE DE BENS ADQUIRIDOS ANTES OU DEPOIS DA SUPOSTA PRÁTICA DO ATO ÍMPROBO. MONTANTE SUFICIENTE PARA O RESSARCIMENTO DO DANO. DIMENSIONAMENTO. JUÍZO DE ORIGEM. (...) IV – Consoante o disposto no art. 7º da Lei nº 8.429/92, a indisponibilidade incidirá sobre tantos bens quantos forem necessários ao ressarcimento do dano ou acréscimo patrimonial resultante do enriquecimento ilícito, podendo recair sobre quaisquer bens do agente acusado, independentemente de terem sido adquiridos antes ou depois do ato supostamente ímprobo. Precedentes: AgRg na MC nº 11.139/SP, FRANCISCO FALCÃO, DJ de 27/03/2006 e REsp nº 401.536/MG, Rela. Min. DENISE ARRUDA, DJ de 06/02/2006. (REsp 781431 / BA ; RECURSO ESPECIAL2005/0151825-1 Relator(a) Ministro FRANCISCO FALCÃO (1116) Órgão Julgador T1 – PRIMEIRA TURMA Data do Julgamento 28/11/2006)

Ementa: AÇÃO CIVIL PÚBLICA – Improbidade administrativa – Embargos à execução de sentença – Hipótese – Danos ao erário – Evidência – Penhora de bem adquirido anteriormente – Possibilidade – Estando provado o dano ao erário,

Neste mesmo sentido, FÁBIO MEDINA OSÓRIO assim elucida sua posição no sentido de que

> É certo que se deverá buscar a individualização do patrimônio em quantidade suficiente, apenas, ao ressarcimento ao erário, mas isto necessita da prévia indisponibilidade patrimonial, preservando-se, desta forma, a essência do próprio processo. Cabe salientar, ainda, que mesmo os bens adquiridos antes da prática dos atos de improbidade administrativa são alcançados pela Lei nº8.429/92, pois, 'na hipótese, cuida-se de promover o ressarcimento do patrimônio público', não sendo violada qualquer situação subjetiva garantida pelo art.5º, XXXVI, da Constituição Federal, sublinhando-se, ademais, que 'contra a Constituição não se pode alegar direito adquirido, nem os atos ilegais geram a aquisição de direitos.[121]

Trata-se de entendimento para resguardar ao máximo o erário público, evitando-se, portanto, a dilapidação do patrimônio, com o fito de se garantir a efetividade e utilidade da condenação dos réus ao ressarcimento do erário.

Em suma, a indisponibilidade poderá recair independentemente desses bens terem sido adquiridos antes ou depois da prática do ato tido por improbo. Esse representa o entendimento majoritário na jurisprudência.

Contudo, a interpretação literal do dispositivo que trata do sequestro dos bens conduz a entendimento diverso, como se verá a seguir.

Neste diapasão, há corrente no sentido que o ato de improbidade que acarrete enriquecimento ilícito, em razão do disposto no parágrafo único do artigo 7º da Lei de Improbidade, somente pode alcançar os bens que realmente foram adquiridos ilicitamente, ou seja, após a prática do ato de improbidade que tenha acarretado o enriquecimento ilícito, eis que expressamente prevê sua possibilidade "sobre o acréscimo patrimonial resultante do enriquecimento ilícito", mitigando, portanto, os seus efeitos.

---

além do enriquecimento ilícito auferido pelo filho do ímprobo, podem ser excutidos bens adquiridos antes dos fatos que deram ensejo à propositura da demanda – Alegação de bem de família – Afastamento – Inaceitável tal alegação àquele único bem registrado no cartório competente, ante a existência de outro bem de propriedade do réu, só que não levado a registro – Aliás, deve ser entendido como patrimônio a ampla gama de bens cujo domínio pertença ao ímprobo, e não somente aqueles que o réu espertamente permita que apareçam como tal – Recurso improvido. (Apelação n. 409.247-5/7 – Santos – 1ª Câmara de Direito Público – Relatora: Regina Capistrano – 13.03.07 – V.U. – Voto n. 5.431)

121 OSÓRIO, Fábio. *Improbidade Administrativa*. Porto Alegre: Síntese, 1998, p. 240.

Neste sentido, há lição doutrinária de Caio Mário da Silva Velloso Filho no sentido de que

> a indisponibilidade deve recair, no caso de improbidade que importa enriquecimento ilícito, exatamente sobre o acréscimo patrimonial indevido. Ficam, então, excluídos do sequestro os bens cujos valores sejam proporcionais à evolução do patrimônio ou à renda do agente público. Caso não seja possível identificar, de pronto, que bens são compatíveis e quais não são, dever-se-á, pelo menos, deixar a salvo da indisponibilidade o patrimônio adquirido anteriormente ao período em que se imputa o enriquecimento ilícito.[122]

Deveras, assim preconiza o Parágrafo Único do artigo em comento:

> Parágrafo único. A indisponibilidade a que se refere o caput deste artigo recairá sobre bens que assegurem o integral ressarcimento do dano, ou sobre o acréscimo patrimonial *resultante do enriquecimento ilícito*. (Grifo Nosso).

Portanto, a medida cautelar tem seu limite calcado na própria lei, de modo que a indisponibilidade recairá somente sobre "o acréscimo patrimonial resultante do enriquecimento ilícito" (art. 7º, parágrafo único), de forma que vedado o sequestro sobre de todo o patrimônio do com bens adquiridos antes do ato improbo.

Exatamente nestes termos, há posição da Doutrina:

> Assim, se a ação principal não é de indenização ao erário, mas de perda de bens que teriam sido adquiridos de modo a configurar enriquecimento ilícito (Lei 8.429/92, art. 9º, n VII), a medida cautelar tem seu limite claramente traçado na própria lei: a indisponibilidade recairá sobre "o acréscimo patrimonial resultante do enriquecimento ilícito (art. 7º, parágrafo único). O sequestro, portanto, de todo o patrimônio do demandado, alcançando bens adquiridos antes dos fatos incriminados pela ação civil, não guarda correlação com o objeto da ação principal, tampouco representa medida necessária e adequada, nas circunstâncias cogitadas pela Lei 8429/92.[123]

Reitere-se que tal entendimento somente abrange os atos que ensejam ENRIQUECIMENTO ILÍCIO, eis que em se tratando das demais modalidades,

---

[122] FILHO, Caio Mário da Silva Velloso. *Improbidade Administrativa*. Questões Polêmicas. Malheiros. 2ª ed. 2003, p. 125.

[123] THEODORO JÚNIOR, Humberto. O sequestro ... *Revista do Tribunal de Contas do Estado de Minas Gerais* 22/24.

a indisponibilidade poderá alcançar quaisquer bens, desde que suficientes para cobrir o ressarcimento do referido dano, independentemente de do momento do ato improbo, visto que a lei não expressa nenhuma forma de limitação e, além do mais, determina o total ressarcimento do dano.

É certo que a primeira corrente corresponde a uma proteção maior do patrimônio público contra os atos de improbidade administrativa. Contudo, cede a uma interpretação literal do dispositivo em análise.

Ademais, a decretação da indisponibilidade de bens é medida gravosa ao patrimônio do acusado e deve ser analisada com cautela, ainda que presente a *res publica*.

Por isso, a jurisprudência já se posicionou nos seguintes termos:

> AÇÃO CIVIL PÚBLICA – MINISTÉRIO PÚBLICO – LEGITIMIDADE – RESSARCIMENTO DE DANO AO ERÁRIO – SEQUESTRO DE BEM ADQUIRIDO ANTES DO ATO ILÍCITO – IMPOSSIBILIDADE. Tem o Ministério Público legitimidade para propor ação civil pública visando ao ressarcimento de dano ao erário. A Lei n° 8.429/92, que tem caráter geral, não pode ser aplicada retroativamente para alcançar bens adquiridos antes de sua vigência, e a indisponibilidade dos bens só pode atingir os bens adquiridos após o ato tido como criminoso. Recurso parcialmente provido.[124]

---

124 STJ – RESP 196932/SP; (1998/0088843-8) DJ 10/05/1999 p.:00119 Rel. Min. Garcia Vieira – 1ª T.

Ver, também:

Ementa: PROCESSUAL CIVIL. CPI DO ORÇAMENTO. IMPROBIDADE ADMINISTRATIVA. CONSTITUIÇÃO, ART. 37, § 4. I – O Ministério Público Federal ajuizou ação de improbidade administrativa contra o impetrante. Dias depois, aforou ação cautelar, instando na indisponibilidade dos bens constantes da declaração de rendas. O juiz decretou "in limine" a indisponibilidade de todos os bens. O ato judicial foi atacado por meio de mandado de segurança. II – Como ficou decidido no RMS 6.182/DF, somente os bens adquiridos após os fatos criminosos é que podem ser objeto de sequestro, não os anteriores. Decidiu-se, ainda, permitir ao impetrante administrar seus bens, com a prestação de contas ao juiz. III – Recurso provido, uma vez que a situação fática em relação a João Alves de Almeida é a mesma da contemplada no RMS 6.182/DF. (STJ – ROMS 6197/DF; (1995/0045665-6) DJ 18/05/1998 p.:00058 Rel. Min. Hélio Mosimann – 2ª Turma)

4) IMPROBIDADE ADMINISTRATIVA – (CF, ART. 37, § 4°, L. 8.429/92, ARTS. 9°, VII, 12, I) – MS COM PEDIDO DE LIMINAR, PARA DAR EFEITO SUSPENSIVO A AI INTERPOSTO CONTRA DECISÃO JUDICIAL QUE DETERMINOU,

Este o entendimento mais correto, mesmo porque não se pode olvidar que normas que restrinjam ou imponham limitações de direitos, não podem ser interpretadas ampliativamente, consoante princípio comezinho de hermenêutica jurídica. É justamente o caso dos autos.

Trata-se da denominada Interpretação Restritiva, caso em que somente o que está contido na norma jurídica será aplicado, razão pela qual deve ser limitado o seu alcance.

In casu, tem-se medida excepcional, acautelatória, que conduz a nítido gravame nos bens do particular, caso em que sua interpretação deve ser restritiva e meramente literal.

Outrossim, sua delimitação é clara no texto legal, prevendo duas hipóteses distintas, de forma que "recairá sobre bens que assegurem o integral ressarcimento do dano, OU sobre o acréscimo patrimonial *resultante do enriquecimento ilícito.*" (Grifo nosso)

Em síntese de raciocínio, ainda que louvável o entendimento calcado na primeira corrente com a finalidade de proteção ao erário, o princípio da legalidade deve ser respeitado e interpretado literal e restritivamente, sob pena de violação à *mens legis,* ou seja, a vontade da lei, que no caso em comento expressamente prevê duas situações distintas.

EM CAUTELAR INCIDENTAL EM AÇÃO ORDINÁRIA, O SEQÜESTRO E A INDISPONIBILIDADE DE TODOS OS BENS DO IMPETRANTE – I – (...) A L. 8.429/92, em seu art. 16, caput e § 1º, fala em "sequestro", remontando-se expressamente aos arts. 822 e 825 do CPC – No caso concreto, não há que se falar em sua retroatividade, pois já existiam outras normas dispondo sobre malversação de dinheiro público. Forçoso é reconhecer, todavia, que somente os bens adquiridos a partir dos fatos criminosos é que se acham sujeitos a sequestro, não os anteriores. Administração dos bens deferida ao impetrante, com a prestação de contas ao juiz. (STJ – RMS 6.182-DF – 2ª T – Rel. p/o Ac. Min. Adhemar Maciel – DJU 01.12.1997).

12

A NATUREZA JURÍDICA DOS ATOS DE IMPROBIDADE ADMINISTRATIVA

INTRODUÇÃO

O chamado Estado moderno representa a conjugação de resultados de um processo de desenvolvimento político ocorrido ao longo de vários séculos, que teve a contribuição de filósofos como Durkheim, Weber, Marx, Thomas Hobbes, Rousseau, Locke, Maquiavel, Montesquieu, dentre outros. Sem querer adentrar no campo da Ciência Política, mormente da origem e conceitos de Estado, importa apenas repisar que, atualmente, vivemos num Estado Democrático de Direito, o qual busca garantir o respeito das liberdades civis e políticas do seu povo, por meio do estabelecimento de uma proteção jurídica, de modo que as próprias autoridades políticas, representantes legítimos do povo no Poder, estão sujeitas ao respeito das regras de Direito.

Nesse contexto, o constituinte originário de 1988 estabeleceu determinados princípios e regras regentes da Administração Pública, tomada em sentido amplo; estabelece o art. 37, *caput*, da Constituição Federal, que a Administração Pública, direta e indireta, de qualquer dos Poderes da União, dos Estados, do Distrito Federal e dos Municípios, deve obedecer aos princípios da legalidade, moralidade, impessoalidade, publicidade e eficiência, além de outros daí decorrentes.

O conceito de improbidade administrativa está, basicamente, relacionado aos princípios da legalidade e da moralidade administrativas.

É costumeira a afirmação de que, diferentemente do indivíduo, que é livre para agir, podendo fazer tudo o que a lei não proíbe, o administrador público somente poderá fazer o que a lei manda ou permite. É justamente esse o sentido do princípio da legalidade administrativa, por meio do qual o administrador público está sujeito aos mandamentos da lei, bem como às exigências do bem comum, sob pena de responsabilidade disciplinar, civil e criminal, conforme o caso.

Contudo, não é suficiente que o administrador público esteja submetido à legalidade estrita, faz-se necessário que sua conduta esteja pautada na ética administrativa, de modo que haja uma relação de adequação entre sua ação e a consecução do interesse público, sob pena de afastar-se da moralidade administrativa.

A má gestão pública e o desvio da função pública contrariam os imperativos éticos da Administração Pública e afetam, sobremaneira, a persecução do bem-estar social. É nesse panorama que está inserida a ação civil para o combate à improbidade administrativa, que visa, fundamentalmente, recompor o erário público e recuperar do agente faltoso tudo aquilo que tenha havido ilicitamente.

Muito se tem debatido, na doutrina e na jurisprudência, acerca da natureza jurídica dos atos de improbidade administrativa, que muitas vezes são confundidos ora com os ilícitos penais, ora com os ilícitos administrativos ou com os crimes de responsabilidade.

O presente artigo tem como escopo esclarecer sobre a natureza civil dos atos de improbidade administrativa, desvencilhando-os dos conceitos de ilícito penal e dos crimes de responsabilidade.

IMPROBIDADE ADMINISTRATIVA E O ILÍCITO PENAL

É certo que algumas condutas consideradas atos de improbidade administrativa possuem correspondências com tipo penais, como acontece com os crimes de peculato, concussão, corrupção passiva, prevaricação, excesso de exação, que são perpetrados por funcionários públicos contra a administração pública, bem como os crimes de responsabilidade previstos na Lei Federal nº 1.079/1950 e Decreto-Lei nº 201/1967.

Nessa linha de pensamento, com fulcro no voto do Ministro do Supremo Tribunal Federal, Nelson Jobim, nos autos da Reclamação 2138, alguns doutrinadores sustentam a classificação dos atos de improbidade administrativa no âmbito dos denominados delitos com foros de crime de responsabilidade, com forte conteúdo penal.

Vejamos o conteúdo do acórdão:

> RECLAMAÇÃO. USURPAÇÃO DA COMPETÊNCIA DO SUPREMO TRIBUNAL FEDERAL. IMPROBIDADE ADMINISTRATIVA. CRIME DE RESPONSABILIDADE. AGENTES POLÍTICOS. I. PRELIMINARES.

QUESTÕES DE ORDEM. I.1. Questão de ordem quanto à manutenção da competência da Corte que justificou, no primeiro momento do julgamento, o conhecimento da reclamação, diante do fato novo da cessação do exercício da função pública pelo interessado. Ministro de Estado que posteriormente assumiu cargo de Chefe de Missão Diplomática Permanente do Brasil perante a Organização das Nações Unidas. Manutenção da prerrogativa de foro perante o STF, conforme o art. 102, I, "c", da Constituição. Questão de ordem rejeitada. I.2. Questão de ordem quanto ao sobrestamento do julgamento até que seja possível realizá-lo em conjunto com outros processos sobre o mesmo tema, com participação de todos os Ministros que integram o Tribunal, tendo em vista a possibilidade de que o pronunciamento da Corte não reflita o entendimento de seus atuais membros, dentre os quais quatro não têm direito a voto, pois seus antecessores já se pronunciaram. Julgamento que já se estende por cinco anos. Celeridade processual. Existência de outro processo com matéria idêntica na sequência da pauta de julgamentos do dia. Inutilidade do sobrestamento. Questão de ordem rejeitada. II. MÉRITO. II.1.Improbidade administrativa. Crimes de responsabilidade. Os atos de improbidade administrativa são tipificados como crime de responsabilidade na Lei n° 1.079/1950, delito de caráter político-administrativo. II.2.Distinção entre os regimes de responsabilização político-administrativa. O sistema constitucional brasileiro distingue o regime de responsabilidade dos agentes políticos dos demais agentes públicos. A Constituição não admite a concorrência entre dois regimes de responsabilidade político-administrativa para os agentes políticos: o previsto no art. 37, § 4° (regulado pela Lei n° 8.429/1992) e o regime fixado no art. 102, I, "c", (disciplinado pela Lei n° 1.079/1950). Se a competência para processar e julgar a ação de improbidade (CF, art. 37, § 4°) pudesse abranger também atos praticados pelos agentes políticos, submetidos a regime de responsabilidade especial, ter-se-ia uma interpretação ab-rogante do disposto no art. 102, I, "c", da Constituição. II. 3. Regime especial. Ministros de Estado. Os Ministros de Estado, por estarem regidos por normas especiais de responsabilidade (CF, art. 102, I, "c"; Lei n° 1.079/1950), não se submetem ao modelo de competência previsto no regime comum da Lei de Improbidade Administrativa (Lei n° 8.429/1992). II.4.Crimes de responsabilidade. Competência do Supremo Tribunal Federal. Compete exclusivamente ao Supremo Tribunal Federal processar e julgar os delitos político-administrativos, na hipótese do art. 102, I, "c", da Constituição. Somente o STF pode processar e julgar Ministro de Estado no caso de crime de responsabilidade e, assim, eventualmente, determinar a perda do cargo ou a suspensão de direitos políticos. II. 5. Ação de improbidade administrativa. Ministro de Estado que teve decretada a suspensão de seus direitos políticos pelo prazo de 8 anos e a perda da função pública por sentença do Juízo da 14ª Vara da Justiça Federal – Seção Judiciária do Distrito Federal. Incompetência dos juízos de primeira instância para processar e julgar ação civil de improbidade administrativa ajuizada contra agente político que possui prerrogativa de foro perante o Supremo Tribunal Federal, por crime de responsabilidade, conforme o art. 102, I, "c", da Constituição. III. RECLAMAÇÃO JULGADA PROCEDENTE.[125]

Não obstante, recentemente, no julgamento da Reclamação nº 15831, o Ministro Marco Aurélio manteve o andamento de uma ação civil pública em primeiro grau, por ato de improbidade administrativa imputado a um Senador da República, *in verbis*:

> COMPETÊNCIA – AÇÃO CÍVEL PÚBLICA DE IMPROBIDADE ADMINISTRATIVA – RÉU SENADOR DA REPÚBLICA – ATUAÇÃO DO JUÍZO – LIMINAR INDEFERIDA.
>
> (...)
>
> 2. A competência do Supremo é de direito estrito. Vale dizer: os limites estão na Constituição Federal. Relativamente aos membros do Congresso Nacional, incumbe ao Tribunal atuar quando haja infração penal comum ou *habeas corpus* a envolvê-los – artigo 102, inciso I, alíneas "b" e "d", da Carta de 1988. Descabe potencializar a matéria de fundo quanto à possibilidade de agente político ser submetido aos rigores da Lei nº 8.429/92 e, a partir daí, suscitar a competência do Supremo para ação civil pública.
>
> 3. Indefiro a liminar.[126]

No mesmo sentido, a Ministra Carmem Lúcia também indeferiu liminar requerida por um Deputado Federal, nos autos da Reclamação nº. 15825, na qual contesta a tramitação, no Juízo de primeiro grau, da ação civil por ato de improbidade administrativa, vejamos:

> "MEDIDA CAUTELAR NA RECLAMAÇÃO. AÇÃO CIVIL POR IMPROBIDADE ADMINISTRATIVA. DEPUTADO FEDERAL: AUSÊNCIA

---

[125] Rcl 2138 / DF – DISTRITO FEDERAL. Relator(a): Min. NELSON JOBIM. Relator(a) p/ Acórdão: Min. GILMAR MENDES.

[126] Rcl 15831 – RECLAMAÇÃO – Relator: Min. Marco Aurélio. DJE nº 118, divulgado em 19/06/2013.

DE FORO POR PRERROGATIVA DE FUNÇÃO. PRECEDENTES. MEDIDA LIMINAR INDEFERIDA. PROVIDÊNCIAS PROCESSUAIS.

(...)

4. O que se põe em foco na reclamação é se, ao processar a ação civil por improbidade administrativa ajuizada contra deputado federal, o juízo da Comarca de Japaratuba/SE teria usurpado a competência do Supremo Tribunal Federal.

5. O Reclamante, deputado federal, sustenta que a tramitação da ação civil pública por ato de improbidade no juízo da Comarca de Japaratuba/SE usurparia a competência deste Supremo Tribunal, prevista no art. 102, inc. I, alínea b, da Constituição da República. Em exame preliminar não se demonstra haver a usurpação alegada, pois a ação de improbidade administrativa, pela sua natureza não penal, não se inclui na competência do Supremo Tribunal Federal, mesmo quando ajuizada contra autoridade que tenha foro específico neste órgão, aí incluído o parlamentar federal. Nesse sentido:

"Vale observar, no ponto, que a competência originária do Supremo Tribunal Federal, por qualificar-se como um complexo de atribuições jurisdicionais de extração essencialmente constitucional – e ante o regime de direito estrito a que se acha submetida -, não comporta a possibilidade de ser estendida a situações que extravasem os rígidos limites fixados, em "numerus clausus", pelo rol exaustivo inscrito no art. 102, I, da Carta Política, consoante adverte a doutrina (MANOEL GONÇALVES FERREIRA FILHO, "Comentários à Constituição Brasileira de 1988", vol. 2/217, 1992, Saraiva) e proclama a jurisprudência desta própria Corte (RTJ 43/129 – RTJ 44/563 – RTJ 50/72 – RTJ 53/776).

Esse regime de direito estrito, a que se submete a definição da competência institucional do Supremo Tribunal Federal, tem levado esta Corte Suprema, por efeito da taxatividade do rol constante da Carta Política, a afastar, do âmbito de suas atribuições jurisdicionais originárias, o processo e o julgamento de causas de natureza civil que não se acham inscritas no texto constitucional – tais como ações populares (RTJ 121/17, Rel. Min. MOREIRA ALVES – RTJ 141/344, Rel. Min. CELSO DE MELLO – Pet 352/DF, Rel. Min. SYDNEY SANCHES – Pet 431/SP, Rel. Min. NÉRI DA SILVEIRA – Pet 487/DF, Rel. Min. MARCO AURÉLIO – Pet 1.641/DF, Rel. Min. CELSO DE MELLO), ações civis públicas (RTJ 159/28, Rel. Min. ILMAR GALVÃO – Pet 240/DF, Rel. Min. NÉRI DA SILVEIRA) ou ações cautelares, ações ordinárias, ações declaratórias e medidas cautelares (RTJ 94/471, Rel. Min. DJACI FALCÃO – Pet 240/DF, Rel. Min. NÉRI DA SILVEIRA – Pet 1.738-AgR/MG, Rel. Min. CELSO DE MELLO) -, mesmo que instauradas contra o Presidente da República, ou contra o Presidente da Câmara dos Deputados, ou, ainda, contra qualquer das autoridades, como os membros do Congresso Nacional, que, em matéria penal (CF, art. 102, I, "b" e "c"), dispõem de prerrogativa de foro perante esta Corte ou que, em sede de mandado de segurança, estão sujeitas à jurisdição imediata deste Tribunal.

Essa orientação jurisprudencial, por sua vez, tem o beneplácito de autorizados doutrinadores (ALEXANDRE DE MORAES, "Direito Constitucional", p. 180, item n. 7.8, 6ª ed., 1999, Atlas; RODOLFO DE CAMARGO MANCUSO, "Ação Popular", p. 129/130, 1994, RT; HELY LOPES MEIRELLES, "Mandado de Segurança, Ação Civil Pública, Mandado de Injunção, 'Habeas Data'", p. 122, 19ª ed., atualizada por Arnoldo Wald, 1998, Malheiros; HUGO NIGRO MAZZILLI, "O Inquérito Civil", p. 83/84, 1999, Saraiva; MARCELO FIGUEIREDO, "Probidade Administrativa", p. 91, 3ª ed., 1998, Malheiros, v.g.), cujo magistério também assinala não se incluir, na esfera de competência originária do Supremo Tribunal Federal, o poder de processar e julgar causas de natureza civil não referidas no texto da Constituição, ainda que promovidas contra agentes públicos a quem se outorgou, "ratione muneris", prerrogativa de foro em sede de persecução penal, ou ajuizadas contra órgãos estatais ou autoridades públicas que, em sede de mandado de segurança, estão sujeitos à jurisdição imediata do Supremo Tribunal Federal.

A "ratio" subjacente a esse entendimento, que acentua o caráter absolutamente estrito da competência constitucional do Supremo Tribunal Federal, vincula-se à necessidade de inibir indevidas ampliações descaracterizadoras da esfera de atribuições institucionais desta Suprema Corte, conforme ressaltou, a propósito do tema em questão, em voto vencedor, o saudoso Ministro ADALÍCIO NOGUEIRA (RTJ 39/56-59, 57). (Rcl 13.286, Relator o Ministro Celso de Mello, DJe 29.2.2012, grifos nossos).

6. Ressalte-se que, no julgamento da Ação Direta de Inconstitucionalidade n. 2.797/DF, Relator o Ministro Sepúlveda Pertence, o Plenário deste Supremo Tribunal declarou a inconstitucionalidade da Lei n. 10.628/2002, que equiparava a ação por improbidade administrativa, de natureza cível, à ação penal, e estendia aos casos daquela espécie de ação o foro por prerrogativa de função:

IV. Ação de improbidade administrativa: extensão da competência especial por prerrogativa de função estabelecida para o processo penal condenatório contra o mesmo dignitário (§ 2º do art. 84 do C. Pr. Penal introduzido pela L. 10.628/2002): declaração, por lei, de competência originária não prevista na Constituição: inconstitucionalidade. 1. No plano federal, as hipóteses de competência cível ou criminal dos tribunais da União são as previstas na

Constituição da República ou dela implicitamente decorrentes, salvo quando esta mesma remeta à lei a sua fixação. 2. Essa exclusividade constitucional da fonte das competências dos tribunais federais resulta, de logo, de ser a Justiça da União especial em relação às dos Estados, detentores de toda a jurisdição residual. 3. Acresce que a competência originária dos Tribunais é, por definição, derrogação da competência ordinária dos juízos de primeiro grau, do que decorre que, demarcada a última pela Constituição, só a própria Constituição a pode excetuar. 4. Como mera explicitação de competências originárias implícitas na Lei Fundamental, à disposição legal em causa seriam oponíveis as razões já aventadas contra a pretensão de imposição por lei ordinária de uma dada interpretação constitucional. 5. De outro lado, pretende a lei questionada equiparar a ação de improbidade administrativa, de natureza civil (CF, art. 37, § 4º), à ação penal contra os mais altos dignitários da República, para o fim de estabelecer competência originária do Supremo Tribunal, em relação à qual a jurisprudência do Tribunal sempre estabeleceu nítida distinção entre as duas espécies. 6. Quanto aos Tribunais locais, a Constituição Federal – salvo as hipóteses dos seus arts. 29, X e 96, III -, reservou explicitamente às Constituições dos Estados-membros a definição da competência dos seus tribunais, o que afasta a possibilidade de ser ela alterada por lei federal ordinária.

*V. Ação de improbidade administrativa e competência constitucional para o julgamento dos crimes de responsabilidade. 1. O eventual acolhimento da tese de que a competência constitucional para julgar os crimes de responsabilidade haveria de estender-se ao processo e julgamento da ação de improbidade, agitada na Rcl 2138, ora pendente de julgamento no Supremo Tribunal, não prejudica nem é prejudicada pela inconstitucionalidade do novo § 2º do art. 84 do C.Pr.Penal. 2. A competência originária dos tribunais para julgar crimes de responsabilidade é bem mais restrita que a de julgar autoridades por crimes comuns: afora o caso dos chefes do Poder Executivo – cujo impeachment é da competência dos órgãos políticos – a cogitada competência dos tribunais não alcançaria, sequer por integração analógica, os membros do Congresso Nacional e das outras casas legislativas, aos quais, segundo a Constituição, não se pode atribuir a prática de crimes de responsabilidade. 3. Por outro lado, ao contrário do que sucede com os crimes comuns, a regra é que cessa a imputabilidade por crimes de responsabilidade com o termo da investidura do dignitário acusado.*127

Em seu voto, o Ministro Sepúlveda Pertence, referindo-se ao § 2º do art. 84 do Código de Processo Penal, acrescido pela Lei n. 10.628/2002, asseverou:

---

127 ADI 2.797, Relator o Ministro Sepúlveda Pertence, Plenário, DJ 19.12.2006.

80. O que se impugna, no caso, é a declaração por lei de competência originária não prevista na Constituição. 81. Ora, como livre criação de competências originárias dos tribunais federais, a lei é inválida, dada a taxatividade do rol constitucional delas.

82. E, quando se pretenda sustentar a validade da lei como mera explicitação de competências originárias implícitas na Lei Fundamental, à disposição legal em causa seriam oponíveis às razões anteriormente aventadas contra a pretensão de imposição por lei ordinária de uma dada interpretação constitucional. 83. De qualquer sorte, substancialmente, como interpretação da Constituição, o § 2º, que se analisa é insustentável.

7. Este Supremo Tribunal Federal tem reconhecido a impossibilidade de equiparação da ação por improbidade administrativa, de natureza civil, à ação penal para o fim de estender o foro por prerrogativa de função:

Agravo regimental no agravo de instrumento. Improbidade administrativa. Prerrogativa de foro. Inexistência. Precedentes. 1. Inexiste foro por prerrogativa de função nas ações de improbidade administrativa. 2. Agravo regimental não provido (AI 556.727-AgR, Relator o Ministro Dias Toffoli, Primeira Turma, DJe 26.4.2012). "AGRAVO REGIMENTAL NO RECURSO EXTRAORDINÁRIO. CONSTITUCIONAL. COMPETÊNCIA DO JUÍZO DE PRIMEIRO GRAU PARA JULGAMENTO DE AÇÃO CIVIL PÚBLICA CONTRA PREFEITO MUNICIPAL POR ATO DE IMPROBIDADE ADMINISTRATIVA. DECLARAÇÃO DE INCONSTITUCIONALIDADE DA LEI N. 10.628/2002. ACÓRDÃO RECORRIDO EM HARMONIA COM A JURISPRUDÊNCIA DO SUPREMO TRIBUNAL FEDERAL. AGRAVO REGIMENTAL AO QUAL SE NEGA PROVIMENTO (RE 444.042-AgR, de minha relatoria, Segunda Turma, DJe 15.10.2012).

O Plenário do Supremo, ao julgar a ADI 2.797, Rel. Ministro Sepúlveda Pertence, declarou a inconstitucionalidade da Lei 10.628/02, que acrescentou os §§ 1º e 2º ao art. 84 do Código de Processo Penal. II – Entendimento firmado no sentido de que inexiste foro por prerrogativa de função nas ações de improbidade administrativa. III – No que se refere à necessidade de aplicação dos entendimentos firmados na Rcl 2.138/DF ao caso, observo que tal julgado fora firmado em processo de natureza subjetiva e, como se sabe, vincula apenas as partes litigantes e o próprio órgão a que se dirige o concernente comando judicial. IV – Agravo regimental improvido (AI 554.398-AgR, Relator o Ministro Ricardo Lewandowski, Primeira Turma, DJe 16.11.2010).

Esta Suprema Corte tem advertido que, tratando-se de ação civil por improbidade administrativa (Lei n. 8.429/92), mostra-se irrelevante, para efeito de definição da competência originária dos Tribunais, que se cuide de ocupante de cargo público ou de titular de mandato eletivo ainda no exercício das respectivas funções, pois a ação civil em questão deverá ser ajuizada perante magistrado de primeiro grau. Precedentes. (AI 506.323-AgR, Relator o Ministro Celso de Mello, Segunda Turma, DJe 1º.7.2009, grifos nossos).

8. Pelo exposto, sem prejuízo da reapreciação da matéria no julgamento do mérito, indefiro a medida liminar requerida.[128] (grifei)

A despeito das jurisprudências sobre a questão, é forçoso reconhecer que os atos de improbidade administrativa não podem ser equiparados aos delitos de cunho penal.

Vários argumentos sólidos podem ser utilizados para justificar a natureza cível dos atos de improbidade administrativa. Primeiramente, ressalta-se o próprio texto constitucional, que ao tratar da improbidade administrativa, em seu artigo 37, § 4º, assim estabelece:

CF – Art. 37, § 4º – Os atos de improbidade administrativa importarão a suspensão dos direitos políticos, a perda da função pública, a indisponibilidade dos bens e o ressarcimento ao erário, na forma e gradação previstas em lei, *sem prejuízo da ação penal cabível.* (Grifo nosso).

Desse modo, fica claro que é perfeitamente possível a coexistência de uma ação criminal e uma ação de improbidade administrativa em face do mesmo ato.

Nesse sentido, ao analisar a teoria geral dos delitos, seja qual for a corrente doutrinária adotada, é certo que não há crime sem lei que o defina, de modo que a tipicidade deve sempre existir, sob pena de afronta ao princípio da reserva legal. Contudo, para a tipificação dos atos de improbidade administrativa, é fácil verificar que o legislador utilizou-se da técnica do conceito jurídico indeterminado, ou seja, quando palavras ou expressões contidas numa norma são vagas ou imprecisas, de modo que a dúvida encontra-se no significado das mesmas, e não nas consequências legais de seu descumprimento, o que é totalmente incompatível com a tipificação das infrações penais, já que os tipos penais incriminadores somente podem ser criados por lei em sentido estrito, decorrendo daí o princípio da taxatividade, pelo qual as condutas tipificadas como crimes devem ser suficientemente claras, sem qualquer conteúdo indeterminado.

Dessa forma, por faltar ao ato de improbidade a tipicidade, este jamais poderá ser considerado um ilícito penal.

---

128 MEDIDA CAUTELAR NA RECLAMAÇÃO 15.825 DISTRITO FEDERAL. RELATORA: MIN. CÁRMEN LÚCIA – DJE nº 111, divulgado em 12/06/2013.

Improbidade Administrativa e os "Crimes" de Responsabilidade

A questão pertinente à definição da natureza jurídica dos denominados "crimes de responsabilidade" tem suscitado intensa discussão de ordem teórica, com consequente repercussão no âmbito jurisprudencial. Como esse não é o objeto do presente estudo, vamos considerar o entendimento dominante sobre a matéria, adotado pelo Supremo Tribunal Federal, no sentido de que tais atos não constituem, em verdade, "crimes", situando-os no plano estritamente político-constitucional, revestido de caráter evidentemente extrapenal, atribuindo-se a essa figura a qualificação de ilícito político-administrativo, desvestida, em consequência, de conotação criminal.

A Lei Federal nº 1.079/1950 disciplina o processo e julgamento dos "crimes" de responsabilidade praticados pelo Presidente da República, Ministros de Estado, Procurador-Geral da República, Ministros do Supremo Tribunal Federal, Governadores dos Estados e seus Secretários. Quanto aos prefeitos e vereadores, a regulamentação é feita pelo Decreto-lei nº 201/1967.

É evidente o caráter eminentemente político das sanções aplicáveis aos denominados "crimes" de responsabilidade, quais sejam, a perda do cargo ou função e a inabilitação para o exercício de qualquer função pública por até cinco anos.

Não há que se confundir os denominados crimes de responsabilidade com os atos de improbidade, embora um mesmo ato possa implicar nas duas hipóteses. Isso porque, a finalidade dos institutos é diferente. Enquanto que nos crimes de responsabilidade, as sanções visam retirar do cenário político os agentes políticos infratores, por meio da perda do cargo ou função e da inabilitação para o exercício de qualquer função pública, os atos de improbidade têm por finalidade o resguardo da probidade que deve nortear todo e qualquer agente público, bem como o ressarcimento ao erário público, punindo as condutas de enriquecimento ilícito, de lesão ao erário e que atentem contra os princípios da Administração Pública.

Assim, as sanções previstas nas supracitadas leis, por possuírem regimes jurídicos diversos, podem ser cumuladas, não configurando "bis in idem", embora o STF e STJ possuem posicionamentos no sentido contrário.

O STF, no âmbito da Reclamação nº 2138, entendeu que tanto a lei de improbidade quanto a lei de crimes de responsabilidade têm natureza político-administrativa, sendo a primeira aplicável aos agentes públicos, e a segunda, aos agentes políticos, culminando em *bis in idem* a aplicação simultânea das leis ao mesmo agente político. Neste caso, ambas as referidas leis buscariam punir os agentes políticos pelos mesmos atos, já que a lei de crimes de responsabilidade prevê a modalidade "atos contra a probidade na administração" como crime de responsabilidade, o que afasta a aplicação da lei de improbidade aos agentes políticos.

Data *venia*, esse entendimento é contrário à Constituição Federal, que não faz nenhuma ressalva, e não pode prevalecer, valendo frisar que a citada decisão da não possui efeito vinculante, nem eficácia "erga omnes". O fato de em ambas as leis haver previsão das penas de perda do cargo e suspensão dos direitos políticos, em se tratando de agente político que já responda por crime de responsabilidade, é certo que em relação a ele não serão aplicadas tais sanções caso venha a responder também por ato de improbidade.

CONCLUSÃO

Por todo o exposto, considerando que a natureza de um ilícito não é definida pelas sanções a ele impostas, mas sim por suas características essenciais, embora o ato de improbidade seja punido, em certos casos, com sanções de natureza política, como acontece com a perda do cargo ou função pública e a suspensão dos direitos políticos, a sua natureza é eminentemente civil, pois visa, em última análise, a responsabilização do agente público faltoso e à recomposição do erário.

13

O NEPOTISMO CRUZADO E A SÚMULA VINCULANTE Nº 13, DO EGRÉGIO SUPREMO TRIBUNAL FEDERAL. A IMPROBIDADE ADMINISTRATIVA. OS SECRETÁRIOS MUNICIPAIS E O NEPOTISMO.

O nepotismo constitui um daqueles temas da moda, execrado pela população, e de predileção dos meios de comunicação. E, assim, tendo em vista o grande destaque do tema, o e. Supremo Tribunal Federal resolveu editar a Súmula Vinculante nº 13, de 29 de agosto de 2.008, com o fito de proibir a prática de nepotismo, inclusive o **nepotismo cruzado**.

Reza a citada Súmula Vinculante nº 13/08, do e. Supremo Tribunal Federal:

> A nomeação de cônjuge, companheiro ou parente em linha reta, colateral ou por afinidade, até o terceiro grau, inclusive, da autoridade nomeante ou de servidor da mesma pessoa jurídica investido em cargo de direção, chefia ou assessoramento, para o exercício de cargo em comissão ou de confiança ou, ainda, de função gratificada na Administração Pública direta e indireta em qualquer dos poderes da União, dos Estados, do Distrito Federal e dos Municípios, compreendido o ajuste mediante designações recíprocas, viola a Constituição Federal.

Observa-se, desde já, e pela simples leitura da SV nº 13, do e. STF, que somente ocorre o nepotismo cruzado no caso de "ajuste mediante designações recíprocas", ou seja, deve haver a troca de favores com nomeação para cargos.

O nepotismo cruzado ocorre quando dois agentes públicos empregam familiares um do outro como troca de favor. É imperiosa a ocorrência da reciprocidade de favores para a configuração da espécie proibida pela Súmula Vinculante.

Com todo efeito, a SV nº 13, do e. STF, é de clareza solar ao proibir o nepotismo cruzado, a troca de favores, o conluio, sendo que o caso concreto deve sempre se amoldar estritamente nos termos contidos na citada Súmula, não sendo admitida nenhuma interpretação elástica ou extensiva.

É regra secular de direito que normas que restrinjam direitos, ou que prejudiquem, ou que imponham limitações de direito, ou que proíbam alguma conduta, ou que imponham penalidades, *somente podem ser aplicadas literalmente, apertadamente como uma luva*, sem admitir mínima analogia, extensão, sistematicidade, ou qualquer outro sistema exegético, ou método interpretativo.

Reitere-se, portanto, que se não ocorrer o "ajuste mediante designações recíprocas" entre as autoridades nomeantes não ocorre o nepotismo cruzado, e, assim, se retira por completo a ilegalidade das nomeações realizadas, e, por consequência a afronta à referida Súmula Vinculante nº 13, do e. STF.

Mais relevante, porém, é o fato de que o e. Tribunal de Justiça do Estado de São Paulo teve ensejo de julgar o tema, decretando a ausência de inconstitucionalidade se inexistente a troca de favores entre autoridades nomeantes.

Trata-se da **Apelação nº 0003133-56.2009.8.26.0189** – Fernandópolis, rel. Desembargador RUBENS RIHL, 8ª Câmara de Direito Público, julgada em 24/08/2011, com a seguinte ementa:

> APELAÇÃO AÇÃO CIVIL PÚBLICA OBRIGAÇÃO DE FAZER E DE NÃO FAZER AJUIZAMENTO VISANDO DECISÃO JUDICIAL PARA COMPELIR O PREFEITO MUNICIPAL A OBSERVAR A APLICAÇÃO DA SÚMULA VINCULANTE Nº 13, BEM COMO PARA CONDENÁ-LO NA OBRIGAÇÃO DE FAZER CONSISTENTE NA EXONERAÇÃO DE CINCO SERVIDORES COMISSIONADOS PARENTES DE VEREADORES MUNICIPAIS IMPROCEDÊNCIA DO PEDIDO PRONUNCIADA EM PRIMEIRO GRAU. DECISÓRIO QUE MERECE SUBSISTIR. NOMEAÇÕES REALIZADAS DENTRO DA LEGALIDADE. NEPOTISMO CRUZADO NÃO CONFIGURADO NA ESPÉCIE. NEGADO PROVIMENTO AO RECURSO.

E consta do v. voto condutor:

> Porém, não menos certo é que inexistindo no presente caso qualquer indício de que tenha ocorrido um "ajuste mediante designações recíprocas" entre o Presidente da Câmara Legislativa e o Chefe do Poder Executivo, a consubstanciar o denominado nepotismo cruzado, tal como expressamente sumulado pelo Supremo Tribunal Federal, incabível é o acolhimento da pretensão ministerial. (Grifo nosso).

Observa-se, portanto, que o e. Tribunal de Justiça do Estado de São Paulo já afastou a ocorrência de nepotismo cruzado entre os Poderes

Executivo e Legislativo Municipais, vez que absolutamente ausente a troca de favores.

Logo, se a citada troca de favores não ocorrer, então fica afastada a ocorrência de nepotismo cruzado, bem como resta afastada qualquer afronta à SV nº 13, do e. STF.

Existe, ainda, outro impedimento à aplicação da Súmula Vinculante nº 13, do e. STF. Trata-se da situação em que os *parentes já eram servidores públicos antes da eleição ou posse das autoridades* com o grau de parentesco constante da SV nº 13, do e. STF.

Nesse caso, portanto, *não há que se falar em nepotismo proibido,* vez que os servidores não possuíam qualquer vínculo de parentesco com pessoas do "alto escalão" quando foram admitidas para o serviço público.

E sobre o tema, já existe regulamentação para o e. Poder Judiciário, com a edição da Resolução nº 7, do Conselho Nacional de Justiça, que regulamentou a SV nº 13, do e. STF, e de onde se lê que:

> Art. 2º (....) 1º Ficam excepcionadas, nas hipóteses dos incisos I, II e III deste artigo, as nomeações ou designações de servidores ocupantes de *cargo de provimento efetivo das carreiras judiciárias, admitidos por concurso público, observada a compatibilidade do grau de escolaridade do cargo de origem,* a qualificação profissional do servidor e a complexidade inerente ao cargo em comissão a ser exercido, vedada, em qualquer caso a nomeação ou designação para servir subordinado ao magistrado ou servidor determinante da incompatibilidade". (Grifo nosso).

Denota-se, portanto, que no âmbito do e. Poder Judiciário existe norma no sentido de que a nomeação de servidor parente para cargo em comissão não configura o nepotismo proibido, desde que tal servidor tenha sido admitido por concurso público, e tenha sido nomeado para cargo compatível com seu grau de escolaridade.

Nesse exato diapasão já decidiu o e. Tribunal de Justiça do Estado de São Paulo, na Apelação nº **0130503-71.2007.8.26.0000**, 5ª Câmara de Direito Público, rel. Desembargador Nogueira Diefenthäler, julgado em 10/10/2011, com a seguinte ementa:

> AÇÃO CIVIL PÚBLICA. IMPROBIDADE ADMINISTRATIVA. NOMEAÇÃO DE PARENTE. NEPOTISMO (.....) Ausência de provas de que deixou de desempenhar as funções que lhe eram cometidas. *Nomeação que ocorreu antes mesmo de seu genitor vir a se tornar prefeito –* Reforma da sentença para o fim de julgar improcedente o pedido. Recurso provido, reformando-se a r. sentença para o fim o fim de julgar improcedente a demanda." (com grifos nossos).

E consta do v. voto condutor:

> Não há a menor lógica em se exonerar alguém que presta regularmente o serviço só porque posteriormente passou a ter relação de parentesco com algum ocupante de cargo eletivo ou comissionado. Não é este objetivamente o *leitmotiv* da súmula vinculante editada ou o que a sociedade visa combater. (Destacamos).

O r. acórdão colacionado decidiu que não configura o nepotismo proibido pela SV nº 13, do e. STF, o fato de servidores públicos terem relação de parentesco com pessoas que *posteriormente* se tornaram detentoras de mandatos eletivos.

E, ainda, é de império destacar que a prática de nepotismo só configura improbidade administrativa se existente o dolo, a má-fé, e o prejuízo ao erário.

Nesse sentido, decidiu o e. Tribunal de Justiça de São Paulo, na supracitada Apelação nº 0130503-71.2007.8.26.0000, com a seguinte ementa:

> AÇÃO CIVIL PÚBLICA. IMPROBIDADE ADMINISTRATIVA. NOMEAÇÃO DE PARENTE. NEPOTISMO. (...) 2. Filha do Prefeito de Guariba nomeada para cargo comissionado na Câmara Municipal Nepotismo – Não caracterização. Exigência de má-fé. – A improbidade administrativa, mais que ato ilegal, deve traduzir-se necessariamente em falta de boa-fé e em desonestidade. 3. Ausência de provas de que deixou de desempenhar as funções que lhe eram cometidas. Nomeação que ocorreu antes mesmo de seu genitor vir a se tornar prefeito – Reforma da sentença para o fim de julgar improcedente o pedido. Recurso provido, reformando-se a r. sentença para o fim o fim de julgar improcedente a demanda.

Tem-se, portanto, que ausente a má-fé, não há que se falar ato de improbidade administrativa por nepotismo. Mas não é só. Outro questionamento que tem sido elaborado é o relativo à **nomeação de parente ou cônjuge para o cargo de Secretário Municipal**, e se configura nepotismo proibido pela SV nº 13, do e. STF.

Com efeito, reza a indigitada Súmula, do Augusto Sodalício, já acima transcrita, mas que merece ser relembrada:

> A nomeação de cônjuge, companheiro ou parente em linha reta, colateral ou por afinidade, até o terceiro grau, inclusive, da autoridade nomeante ou de servidor da mesma pessoa jurídica investido em cargo de direção, chefia ou assessoramento, para o exercício de cargo em comissão ou de confiança ou, ainda, de função gratificada na administração pública

direta e indireta em qualquer dos Poderes da União, dos Estados, do Distrito Federal e dos Municípios, compreendido o ajuste mediante designações recíprocas, viola a Constituição Federal.

Ocorre que o cargo de Secretário Municipal, conforme é cediço em direito, é cargo categorizado como de **agente político**, e, portanto, desde já é possível afirmar que é cargo de absoluta confiança da autoridade nomeante, e também que determina as decisões que a sua unidade administrativa, irá adotar.

Sobre tais referidos cargos, o saudoso mestre DIÓGENES GASPARINI[129] já tivera ensejo de prelecionar que:

> São os detentores dos cargos da mais elevada hierarquia da organização da Administração Pública ou, em outras palavras, são os que ocupam cargos que compõem sua alta estrutura constitucional. Estão voltados, precipuamente, à formação da vontade superior da Administração Pública ou incumbidos de traçar e imprimir a orientação superior a ser observada pelos órgãos e agentes que lhes devem obediência. Desses agentes são exemplos o Presidente da República e o Vice, os Governadores e Vices, os Prefeitos e Vices, os Ministros de Estado, *os Secretários estaduais e municipais,* os Senadores, os Deputados e Vereadores. (Grifo nosso).

A ilação que se retira, desde já, portanto, é a de que o cargo de Secretário Municipal é cargo de natureza política, e que, portanto, não se insere no texto da Súmula Vinculante nº 13, do e. STF.

Mais relevante porém, é o fato de que o próprio e. STF tem pacificado entendimento no sentido de que o cargo de Secretário Municipal por ser de natureza política não se insere nas vedações impostas pela referida SV nº 13, do e. STF.

É o que se lê do Agravo Regimental na Medida Cautelar nº **6.650-PR**, Tribunal Pleno, rel. Ministra ELLEN GRACIE, julgado em 16/10/2008, com a seguinte ementa:

> AGRAVO REGIMENTAL EM MEDIDA CAUTELAR EM RECLAMAÇÃO. NOMEAÇÃO DE IRMÃO DE GOVERNADOR DE ESTADO. CARGO DE SECRETÁRIO DE ESTADO. NEPOTISMO. SÚMULA VINCULANTE No 13. INAPLICABILIDADE AO CASO. CARGO DE NATUREZA POLÍTICA. AGENTE POLÍTICO. ENTENDIMENTO FIRMADO NO JULGAMENTO DO RECURSO EXTRAORDINÁRIO 579.951/RN. OCORRÊNCIA DA FUMAÇA DO BOM DIREITO.
> 1. Impossibilidade de submissão do reclamante, Secretário Estadual de Transporte, agente político, às hipóteses expressamente elencadas na Súmula Vinculante no 13, por se tratar de cargo de natureza política.

---

129 GASPARINI, Diógenes. *Direito Administrativo.* 12ª ed. Saraiva, SP, 2.007, p. 156.

2. Existência de precedente do Plenário do Tribunal: RE 579.951/RN, rel. Min. Ricardo Lewandowski, DJE 12.9.2008. 3. Ocorrência da fumaça do bom direito. 4. Ausência de sentido em relação às alegações externadas pelo agravante quanto à conduta do prolator da decisão ora agravada. 5. Existência de equívoco lamentável, ante a impossibilidade lógica de uma decisão devidamente assinada por Ministro desta Casa ter sido enviada, por fac-símile, ao advogado do reclamante, em data anterior à sua própria assinatura. 6. Agravo regimental improvido.

E no mesmo diapasão, tem decidido de forma reiterada o e. Tribunal de Justiça do Estado de São Paulo, conforme se lê do r. acórdão proferido nos autos do Reexame Necessário n° 0264444-49.2009.8.26.0000-Vinhedo, rel. Des. AROLDO VIOTTI, da 11ª Câmara de Direito Público, julgado em 21/5/13, com citação de jurisprudência da mesma Corte, e com a seguinte ementa:

> Ação Popular. Prefeito Municipal que por meio de portaria interna nomeou sua esposa como Secretária da Administração Municipal, em afronta ao princípio que veda o nepotismo na Administração Pública. Sentença de improcedência. As nomeações de agentes políticos, como é o caso de Secretário da Administração Municipal, não se encartam na vedação ao nepotismo consagrada na Súmula Vinculante 13 do STF. Recurso oficial, único interposto, improvido.

E o r. acórdão cita os seguintes precedentes:

> Nesse sentido, desta Corte: "O Egrégio Supremo Tribunal Federal já assentou o entendimento segundo o qual a nomeação de parentes para cargos políticos não configura afronta aos princípios constitucionais que regem a Administração Pública, tendo em vista sua natureza eminentemente política. Evidente que o cargo de secretário municipal é cargo político por essência, na medida em que o seu ocupante determinará as linhas a serem observadas por sua respectiva pasta e em conformidade com as diretrizes políticas indicadas pelo Chefe do Poder Executivo. E, por tal razão, tal hipótese não se submete à disposição da Súmula vinculante no. 13 do Supremo Tribunal Federal. A questão foi objeto de análise pelo C. Supremo Tribunal Federal, no julgamento do RE 579.951, relatado pelo Min. Ricardo Lewandowski, segundo o qual a contratação de parente de vereador para o cargo de secretário municipal não caracteriza nepotismo, por se tratar de cargo político. (TJSP, 6a Câmara de Direito Público, Apelação Cível 0002755-38.2009.8.26.0145, j. 17.12.2012, Rel. o Des. SIDNEY ROMANO DOS REIS).
>
> MANDADO DE SEGURANÇA. Constituição de Comissão de Investigação e Processante. Apuração de suposto nepotismo. Nomeação de marido de uma Vereadora para ocupar cargo de Secretário Adjunto na Secretaria

Municipal de Transportes e Trânsito – Denúncia baseada em lei municipal revogada. Súmula Vinculante no 13. Inaplicabilidade por se tratar de cargo de natureza política. Sentença mantida. Reexame necessário desacolhido. (apelação 0006035- 46.2011.8.26.0048, rel. Des. PEIRETTI DE GODOY, j. 28.03.2012)

Resta inquestionável, a nosso ver, que o cargo de Secretário Municipal, de livre provimento, não está sujeito às vedações impostas pela SV nº 13, do e. STF, por ser cargo ESTRITAMENTE POLÍTICO.

Tem-se, portanto, conforme a jurisprudência pátria, que a nomeação de cônjuge ou parente para o cargo de Secretário Municipal não afronta os termos da Súmula Vinculante nº 13, do e. STF.

Até aqui nenhuma dúvida, portanto. Ocorre, porém, que uma questão nos foi posta: *e se existir lei local – no caso municipal – proibitiva da nomeação de parente ou cônjuge para o cargo de Secretário Municipal?*

Tem-se que na existência de lei municipal que proíba a nomeação de parente ou cônjuge para cargo de Secretário Municipal, prevalece os termos da legislação municipal proibitiva.

E a proibição de nomeação prevalece não por afronta à SV nº 13, do e. STF, mas, sim, porque existe lei local que proíbe a conduta, e, portanto, em respeito ao *princípio da legalidade*, a nomeação de parente ou cônjuge para o cargo de Secretário Municipal resta proibida em tal situação.

Cite-se sobre o tema o r. acórdão do e. Tribunal de Justiça do Estado de São Paulo, proferido em Apelação nº 0168514-38.2008.8.26.0000 – Chavantes, rel. Des. FERMINO MAGNANI, julgado em 13/5/13, com a seguinte ementa:

> **APELAÇÃO** Ação Civil Pública. Nomeação de parente pelo Prefeito Municipal, para o exercício do cargo de Secretário Municipal. Vedação ao nepotismo prevista na legislação local. Decisum suficientemente motivado e bem fundamentado. Manutenção da r. sentença, nos termos do artigo 252 do Regimento Interno deste Tribunal de Justiça Recursos não providos.

E, portanto, a nomeação de parente ou cônjuge para ocupar cargo de Secretário Municipal resta proibida por força de disposição legal, e não por violação à SV nº 13, do e. STF.

Outra questão: *e se foi celebrado Termo de Ajustamento de Conduta proibindo qualquer nomeação de parente inclusive para cargo de Secretário Municipal?*

O Termo de Ajustamento de Conduta, o chamado TAC, é um compromisso celebrado pelos órgãos públicos legitimados para que se adequem às exigências legais existentes, mediante cominações, e com eficácia de título executivo extrajudicial, tudo isso nos termos do art. 5º, § 6º, da Lei federal nº 7.347, de 1.985, com a redação dada pela Lei federal nº 8.078, de 11 de setembro de 1.990.

No caso em tela, o TAC celebrado – pouco importa que seja anterior ou posterior à edição da SV nº 13, do e. STF – deve sempre se amoldar aos termos da referida Súmula, não podendo, portanto, criar obrigação mais excessiva ou rigorosa do que consta da Súmula Vinculante.

Com todo efeito, se o TAC é mais rigoroso que a SV nº 13, do e. STF, é de império que seja substituído por outro que seja firmado em compasso com a Súmula Vinculante.

Em conclusão tem-se que o nepotismo cruzado exige "ajuste mediante designações recíprocas", ou seja, deve haver a troca de favores com a nomeação de parente ou cônjuge.

É imperiosa a ocorrência da reciprocidade de favores para a configuração da espécie proibida pela Súmula Vinculante.

Além disso, quando os *parentes já eram servidores públicos antes da eleição ou posse das autoridades* com o grau de parentesco constante da SV nº 13, do e. STF, não há que se falar em nepotismo proibido, conforme a jurisprudência tem decidido.

E, ainda, a prática de nepotismo só configura improbidade administrativa se existente o dolo, a má-fé, e o prejuízo ao erário, mesmo porque que a *inconstitucionalidade não está na nomeação de parente por si só, mas sim no privilégio eventualmente deferido a parente em razão da nomeação*, conforme a jurisprudência acima transcrita.

E mais: a nomeação de parente ou cônjuge para o cargo de Secretário Municipal não é proibida pela Súmula Vinculante nº 13, do e. STF, conforme a própria Excelsa Suprema Corte já decidiu.

Ocorre, porém, que se existir lei local proibitiva da nomeação prevalece o que consta da lei, e, portanto, a nomeação não poderá ser efetivada em respeito ao princípio da legalidade.

E, ainda, qualquer TAC celebrado sobre o tema deverá estar em compasso com o que reza a SV nº 13, do e. STF, não podendo conter exigências mais rigorosas ou excessivas do que consta da referida Súmula.

É nosso entendimento.

⊙ editoraletramento	🌐 editoraletramento.com.br	
(f) editoraletramento	(in) company/grupoeditorialletramento	
🕊 grupoletramento	✉ contato@editoraletramento.com.br	
🌐 casadodireito.com	(f) casadodireitoed	⊙ casadodireito